Das Antworten Buch

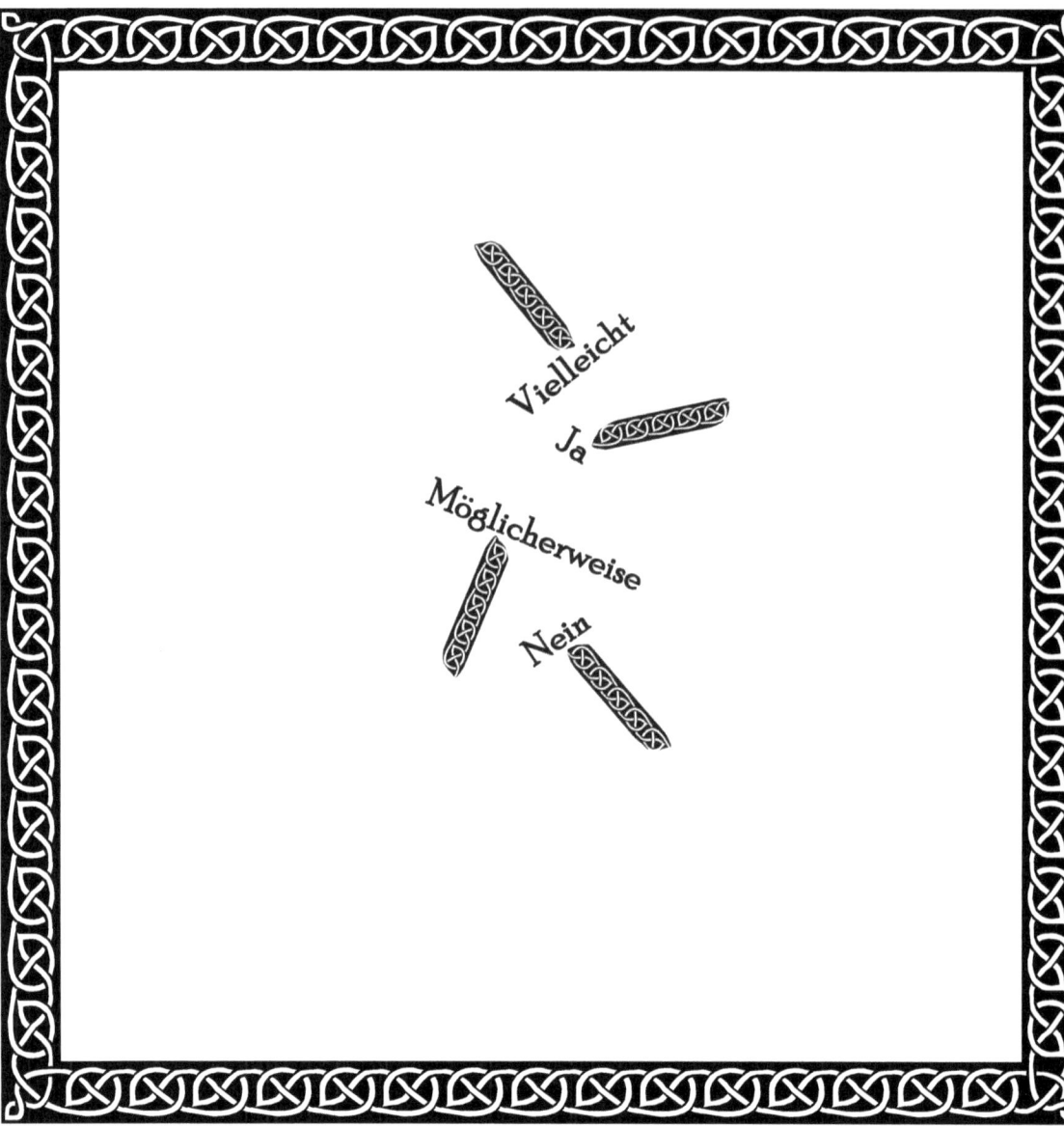

Genieße es

Das ist sehr
gut möglich

Vielleicht

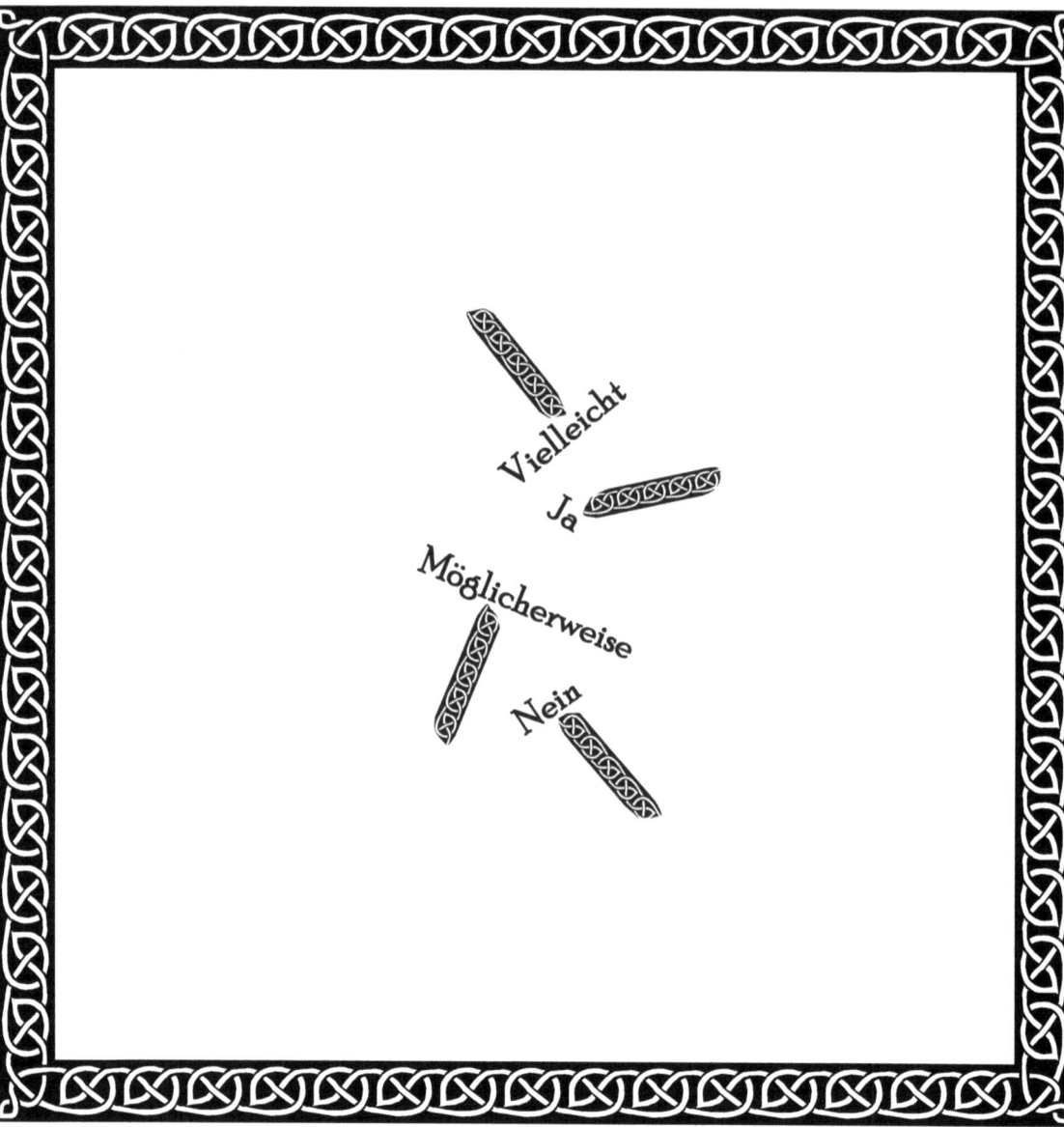

Überlege dir das lieber
noch einmal

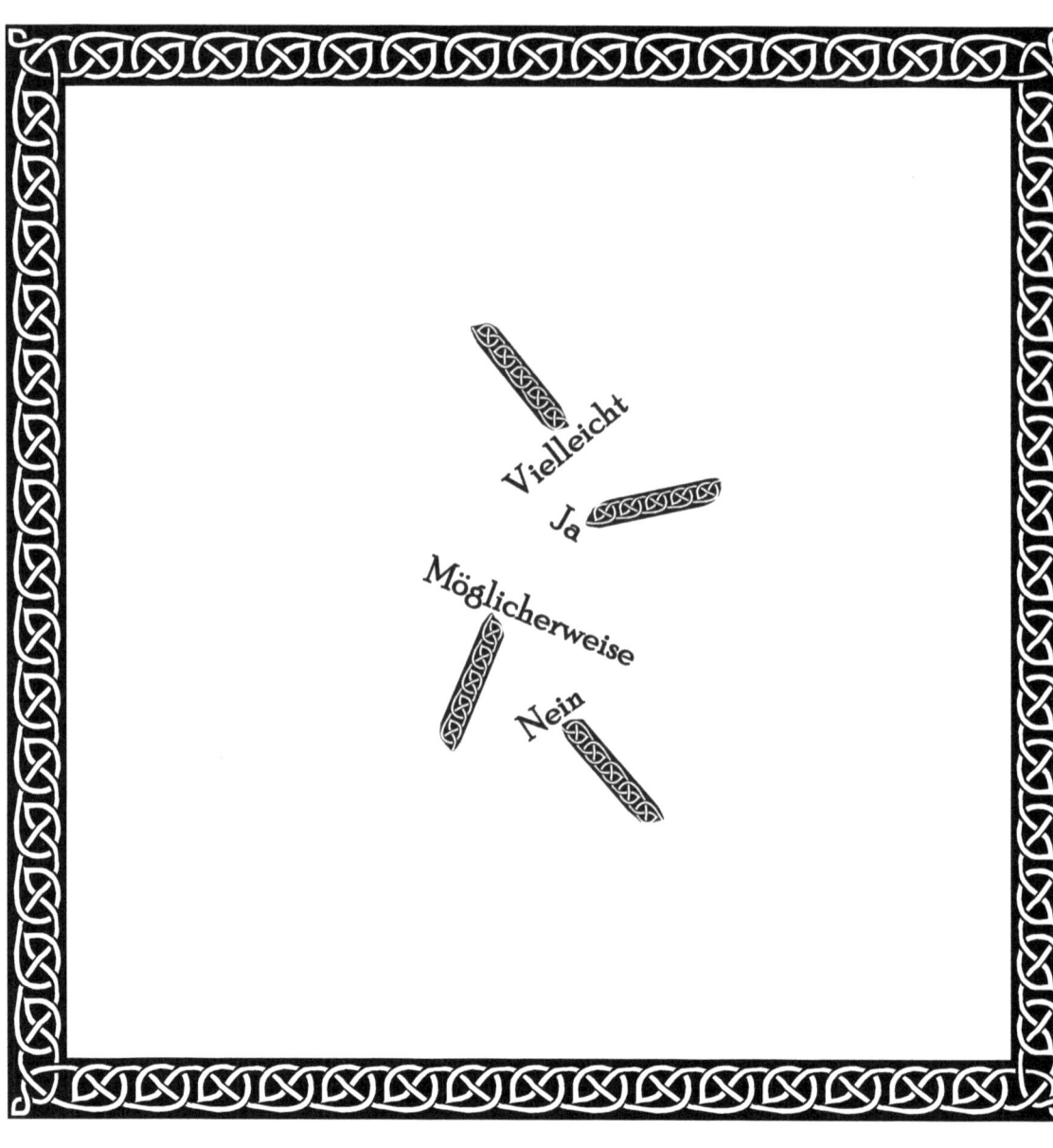

Der 1. Gedanke ist der Richtige

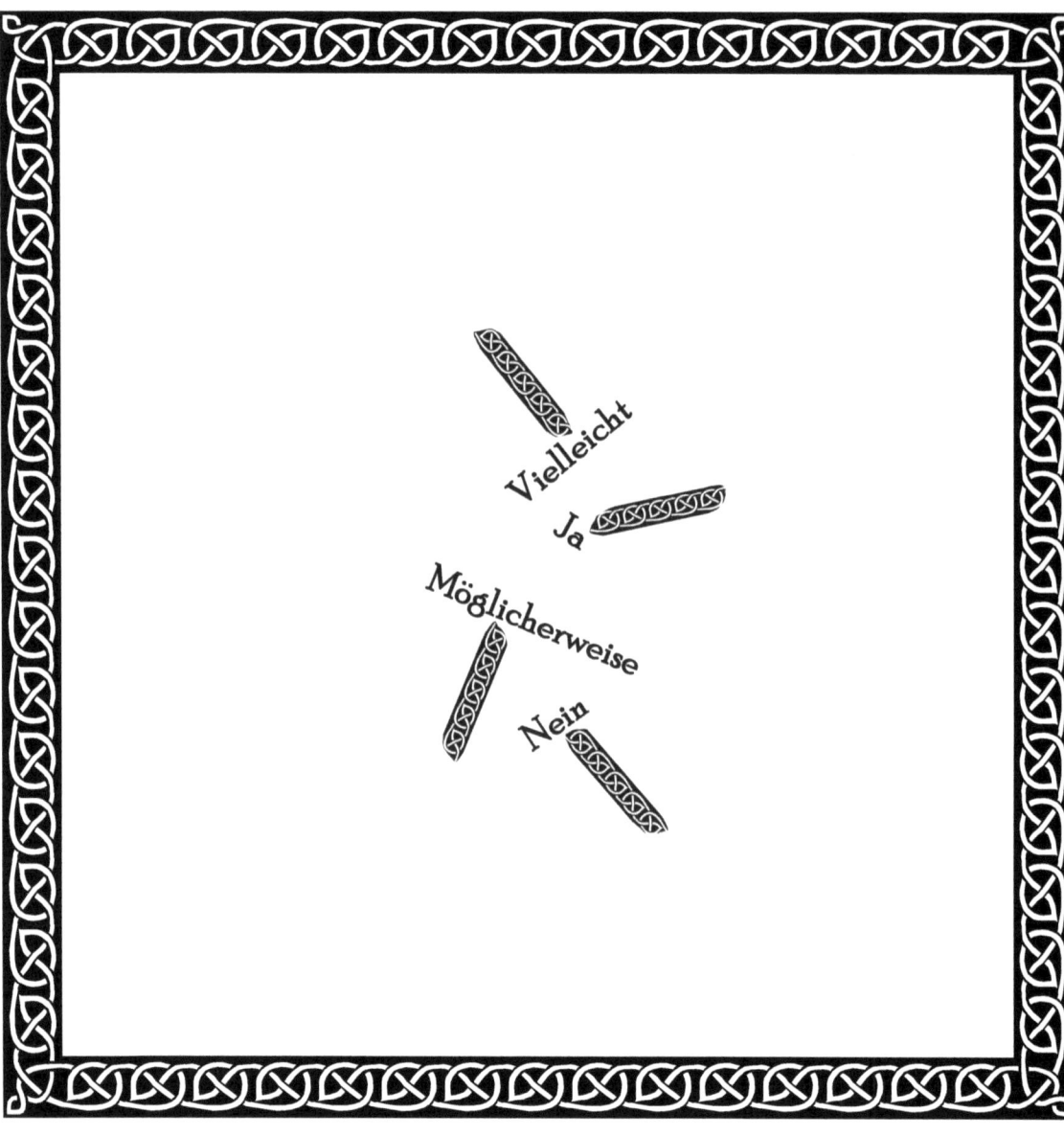

Ja

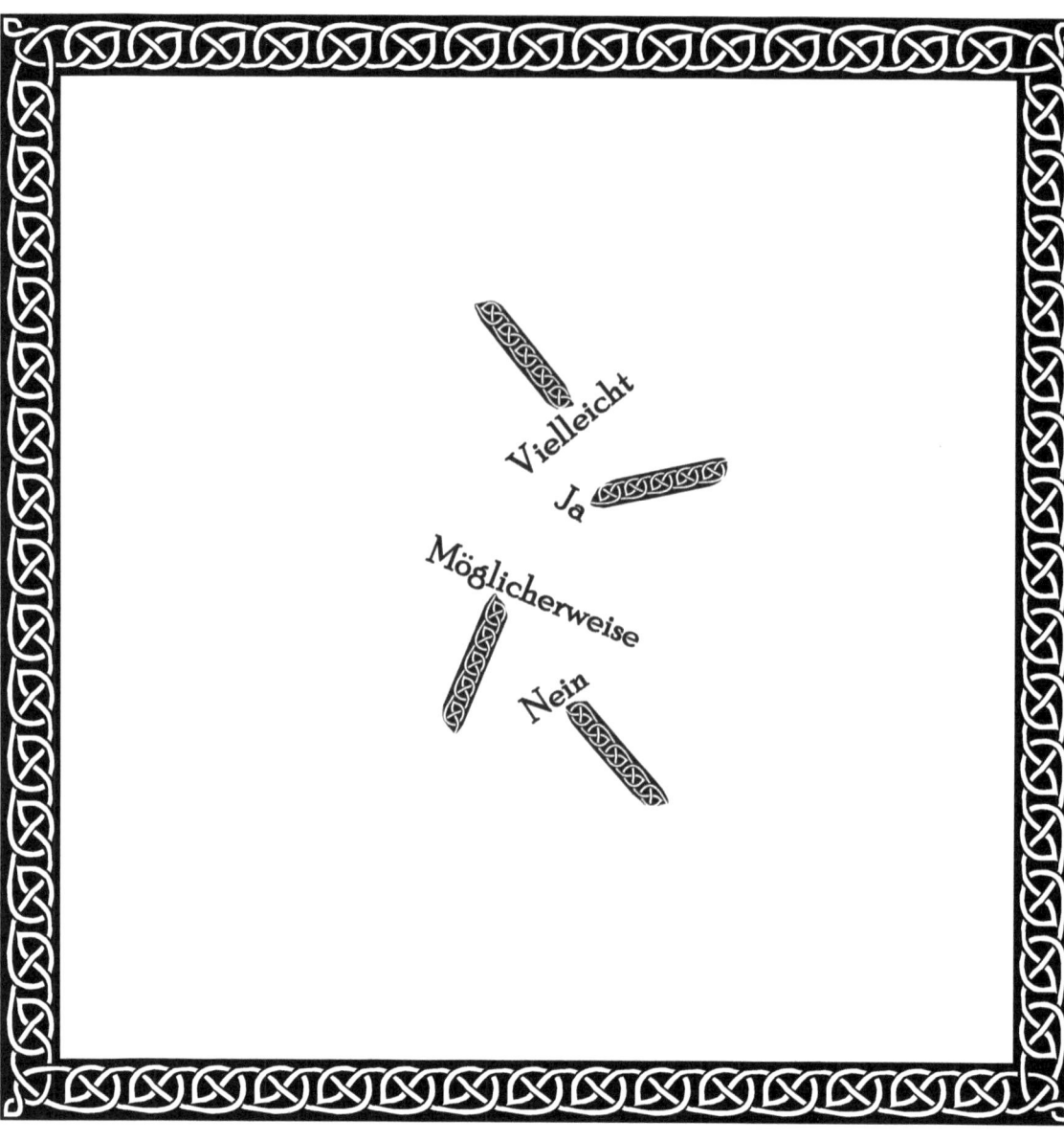

Erst einmal einen
Tee trinken

Morgen ist auch noch ein Tag

Nach dem Aufräumen

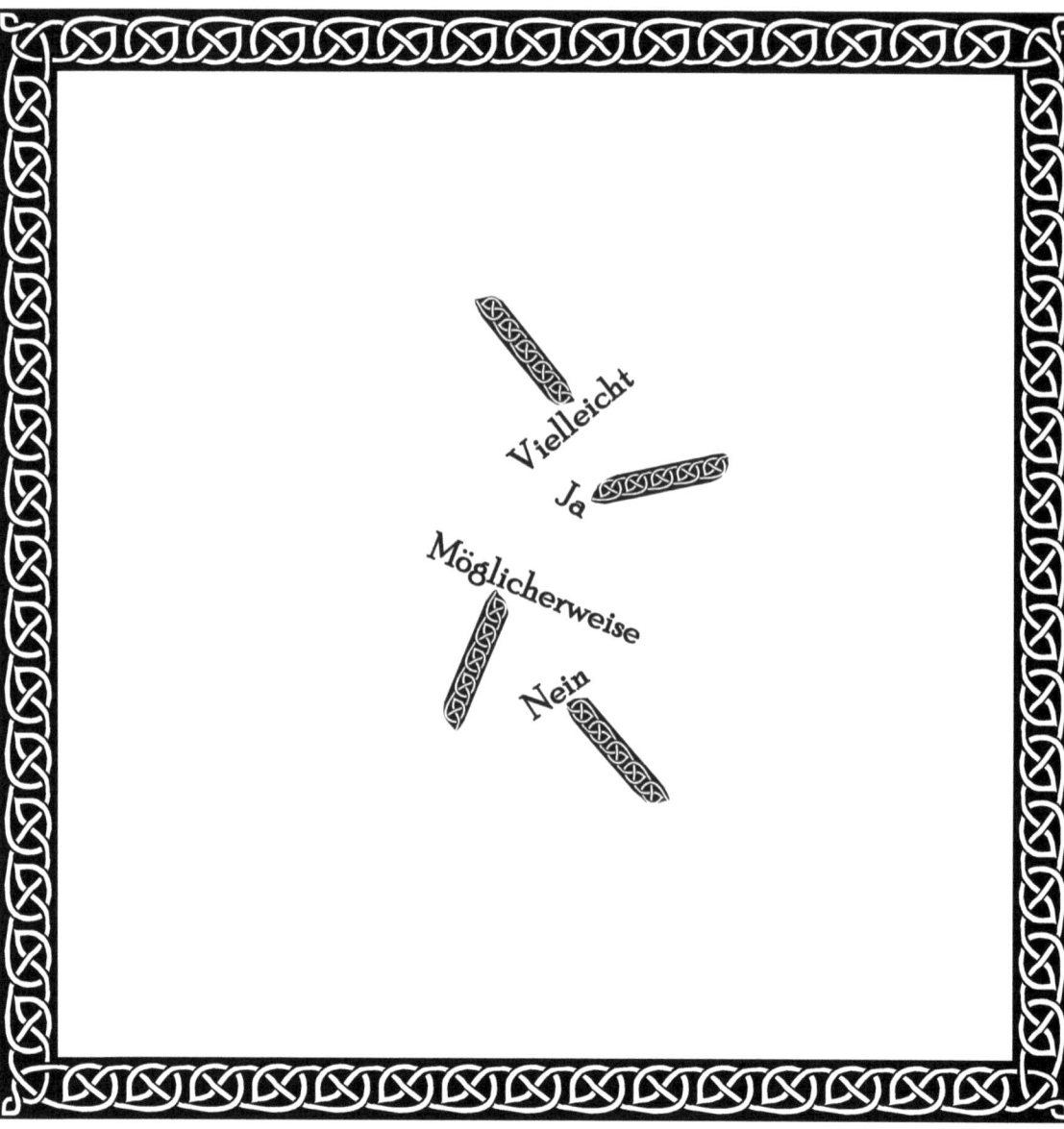

Übermorgen

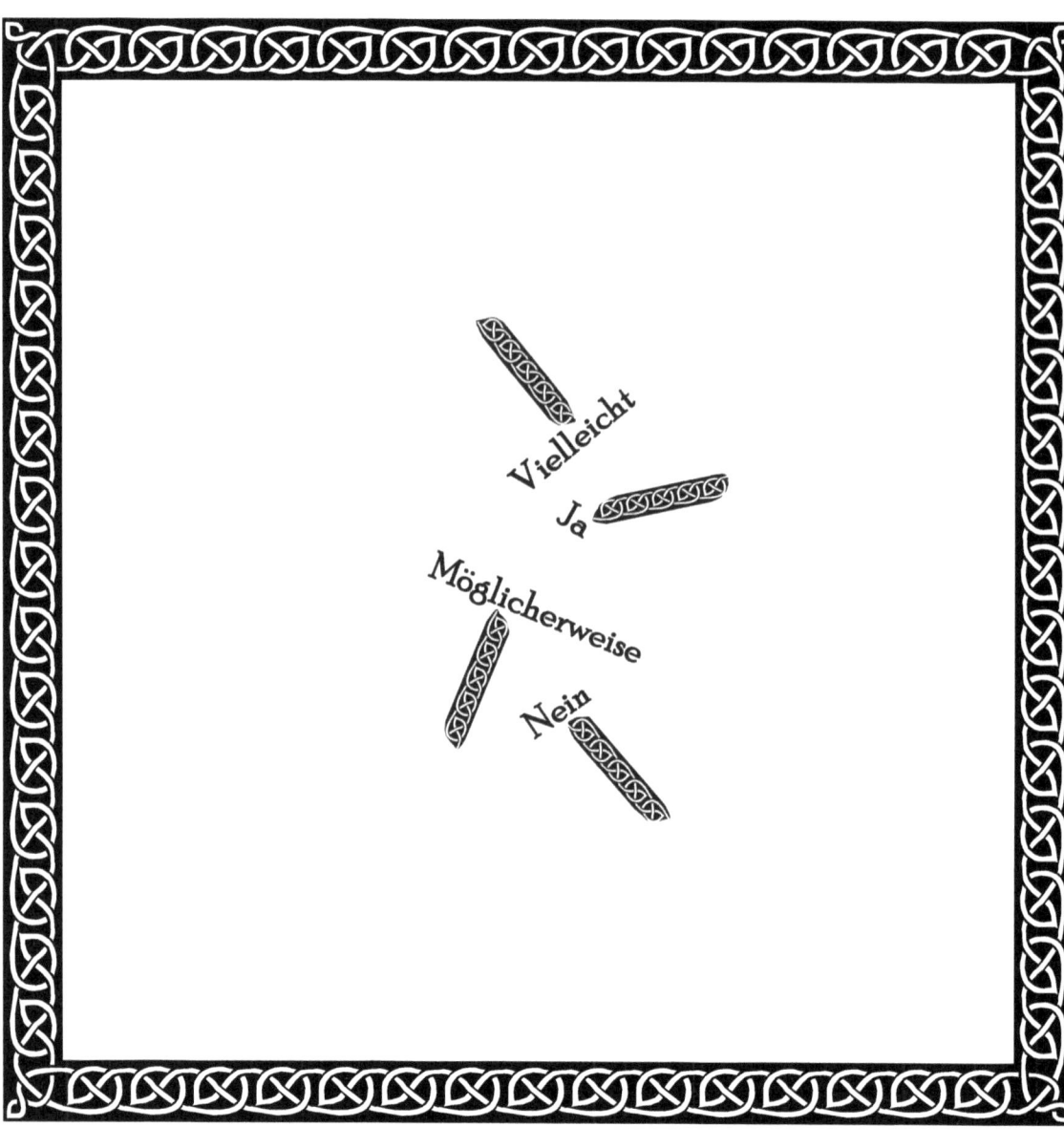

Sei dir etwas wert

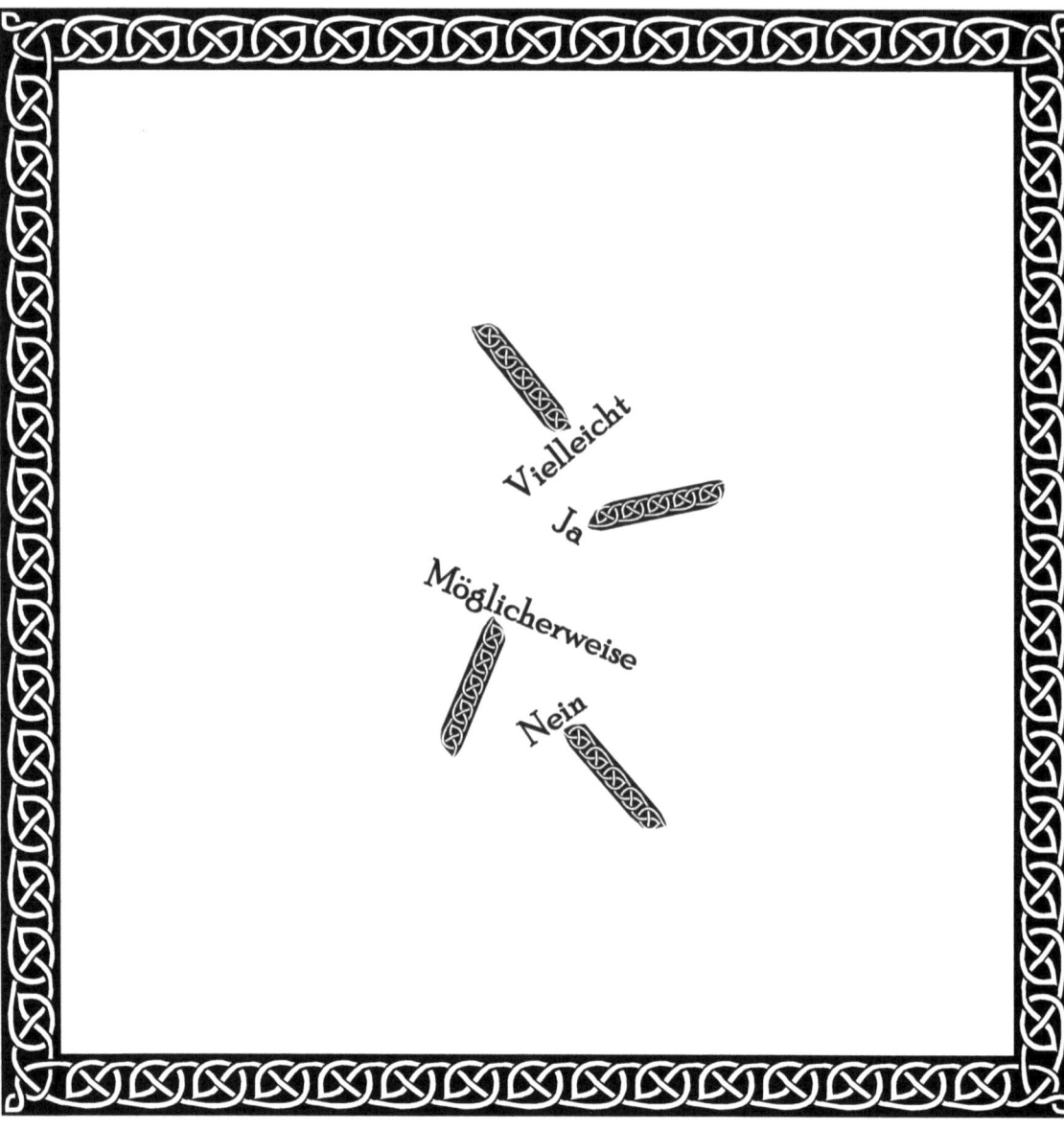

Das wird phänomenal

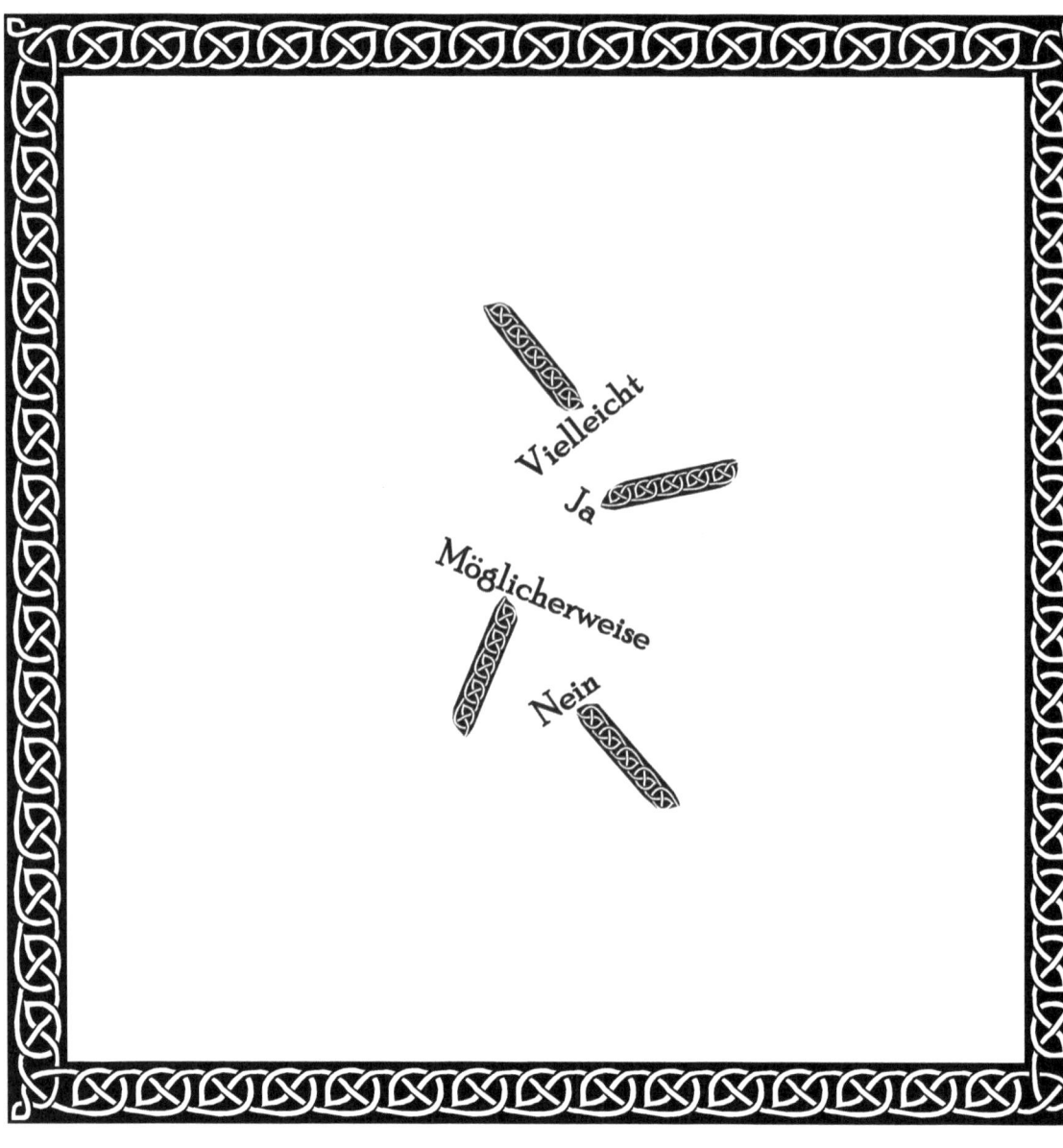

Möglicherweise

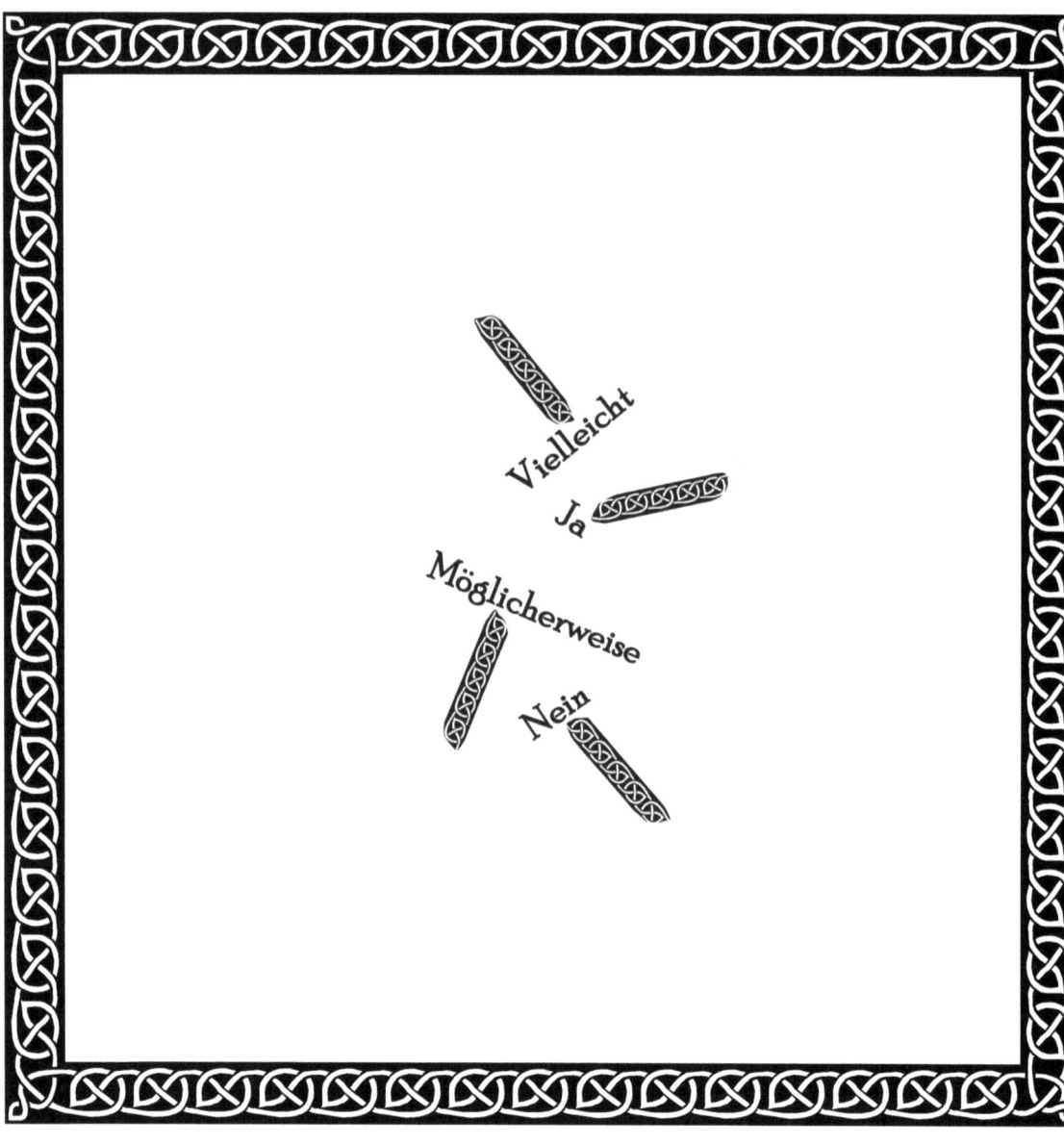

Das wird super

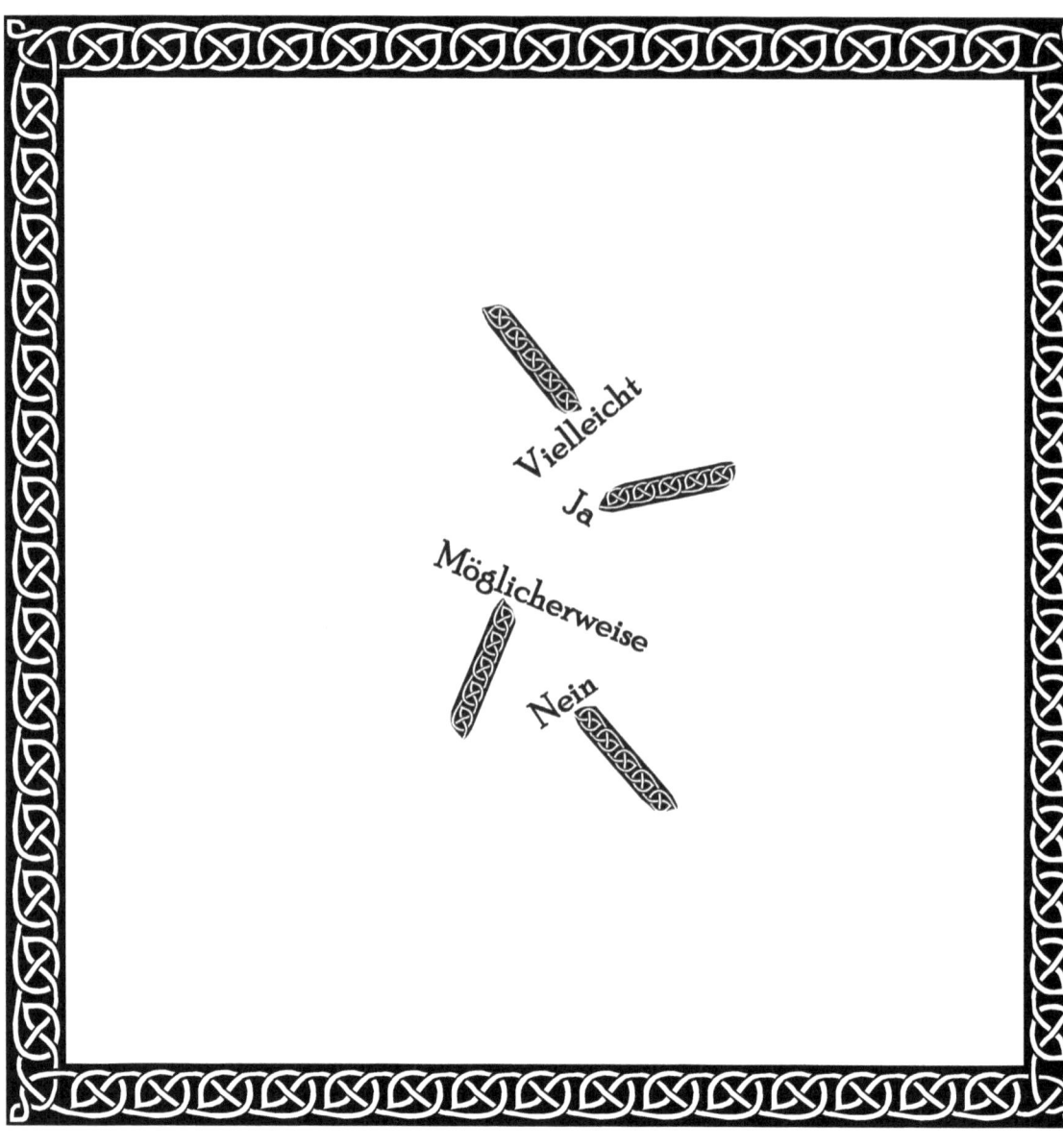

Eine tolle Idee

Vorsicht ist besser als Nachsicht

Höre auf deinen Bauch

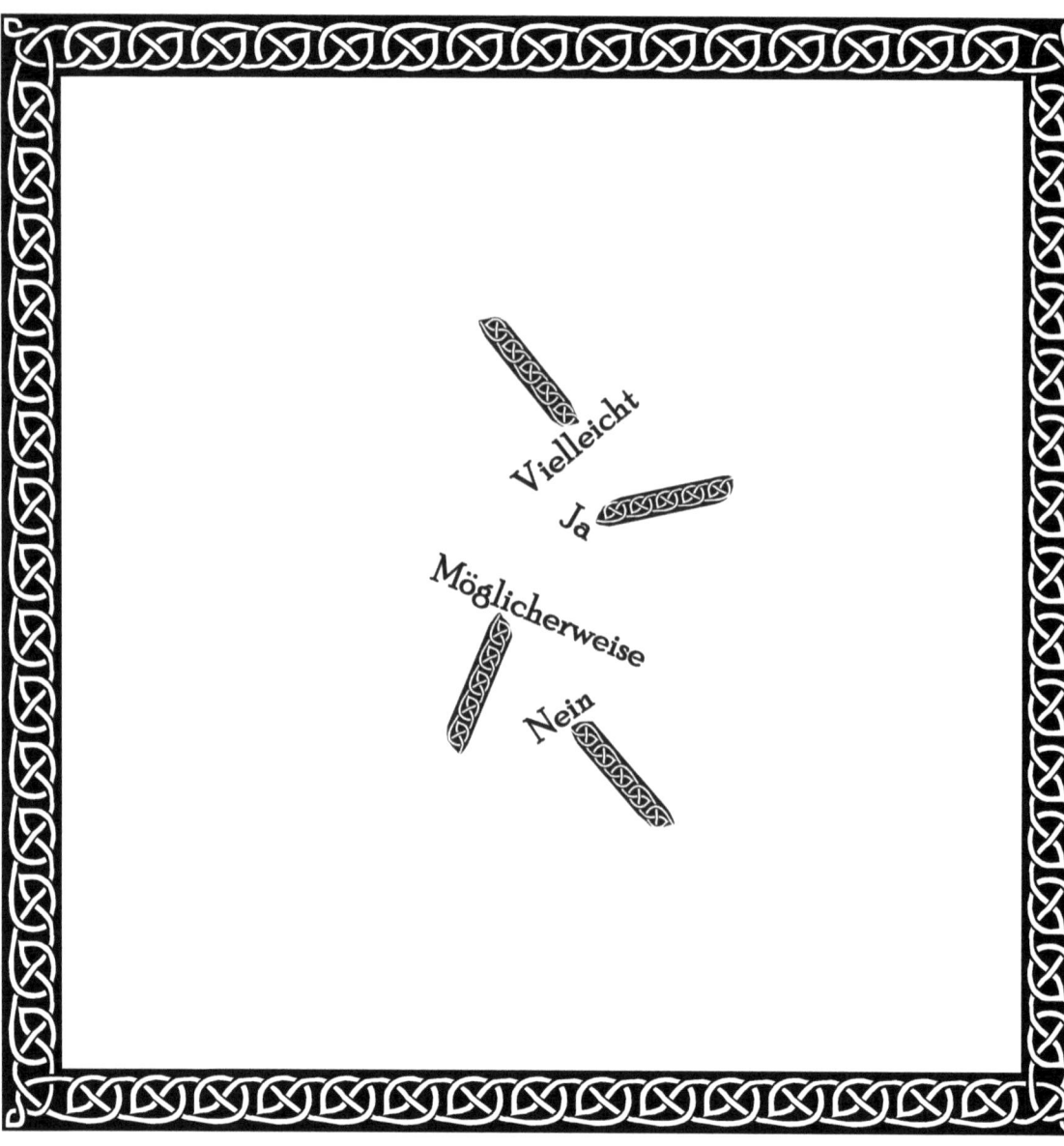

Schlaf noch einmal eine
Nacht darüber

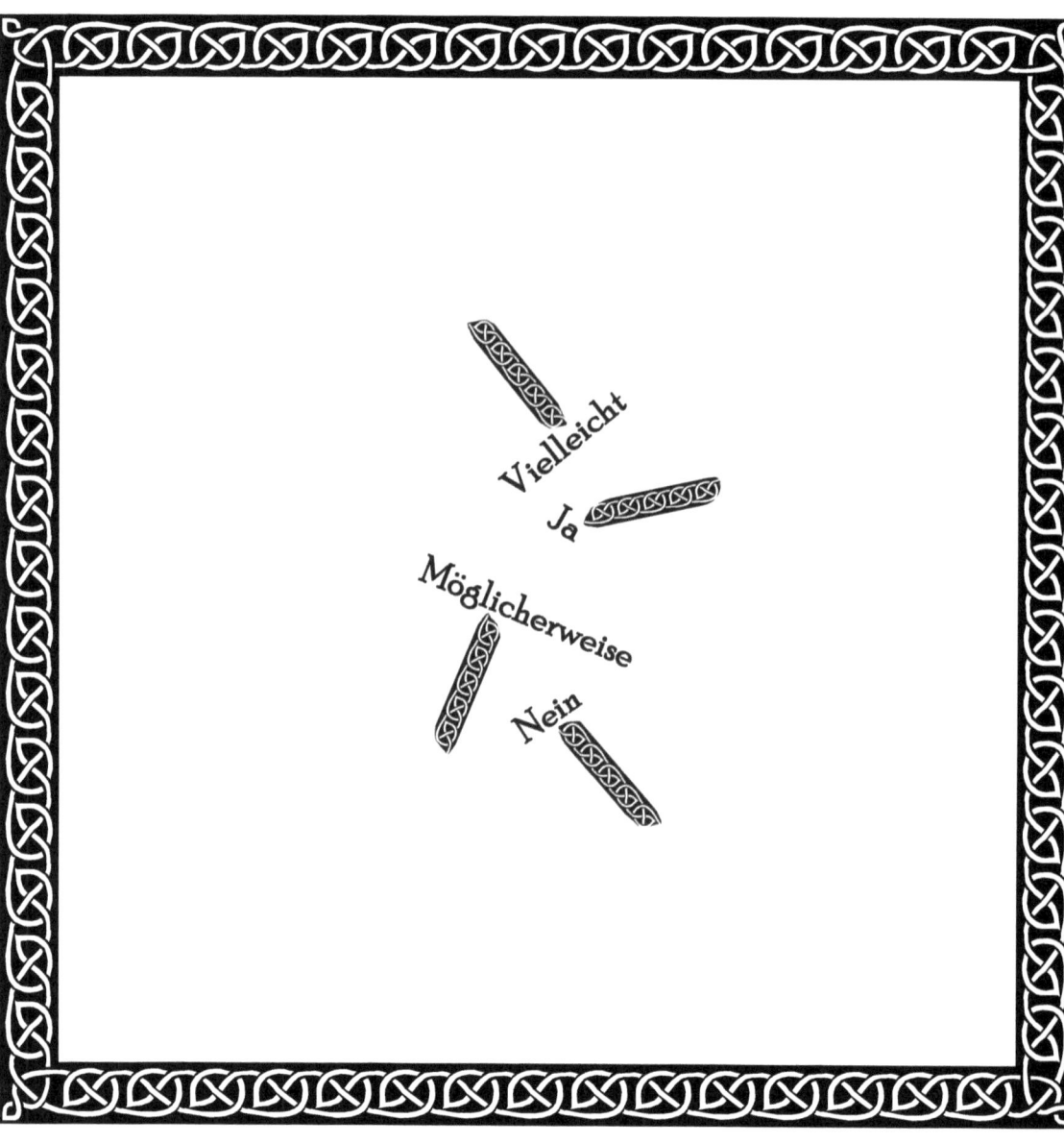

Nein

Eile mit Weile

Konkretisiere deine Frage
und blättere erneut

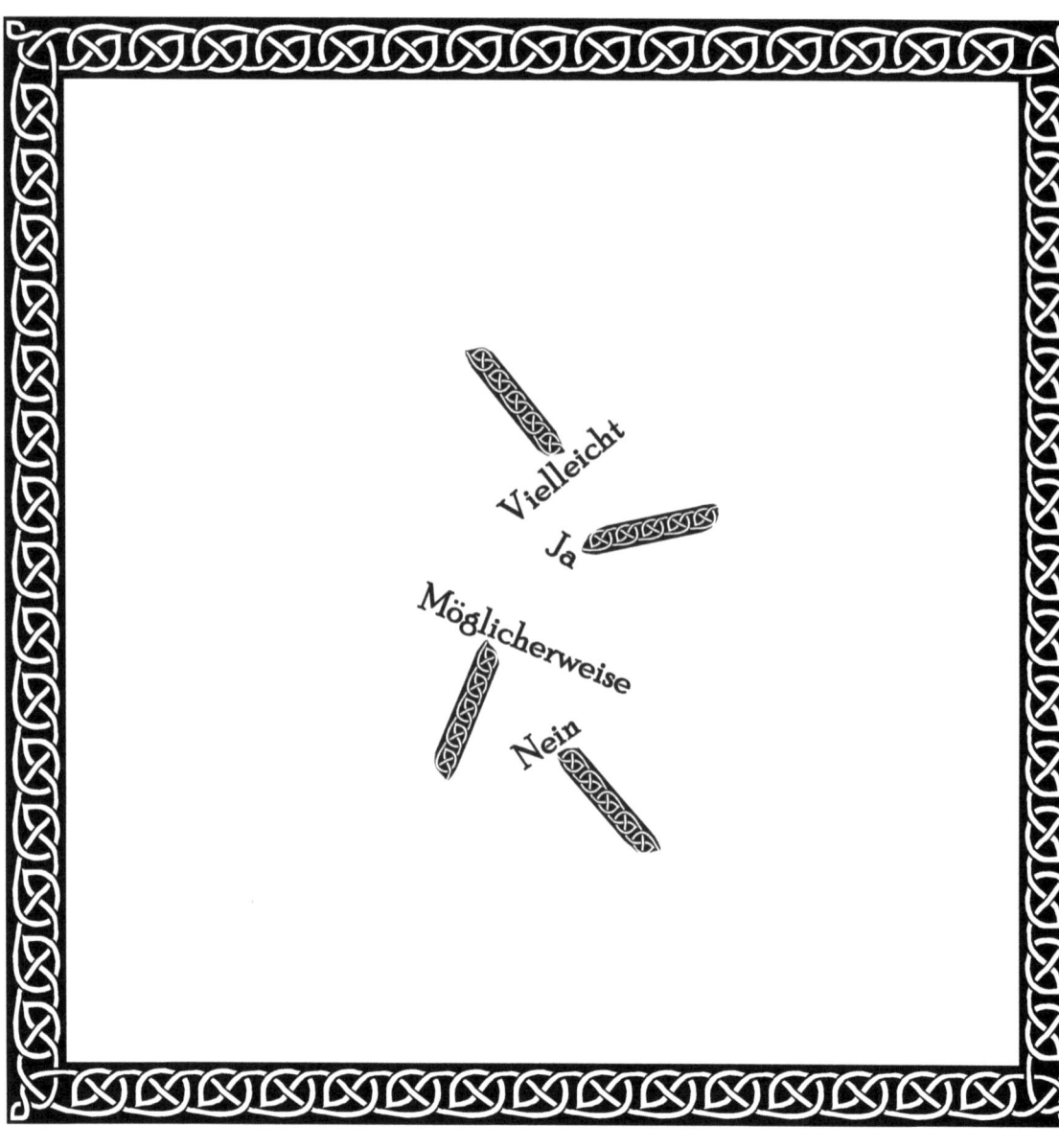

Du lebst
nur einmal

Ziehe in Erwägung,
was dir deine Freunde
raten würden

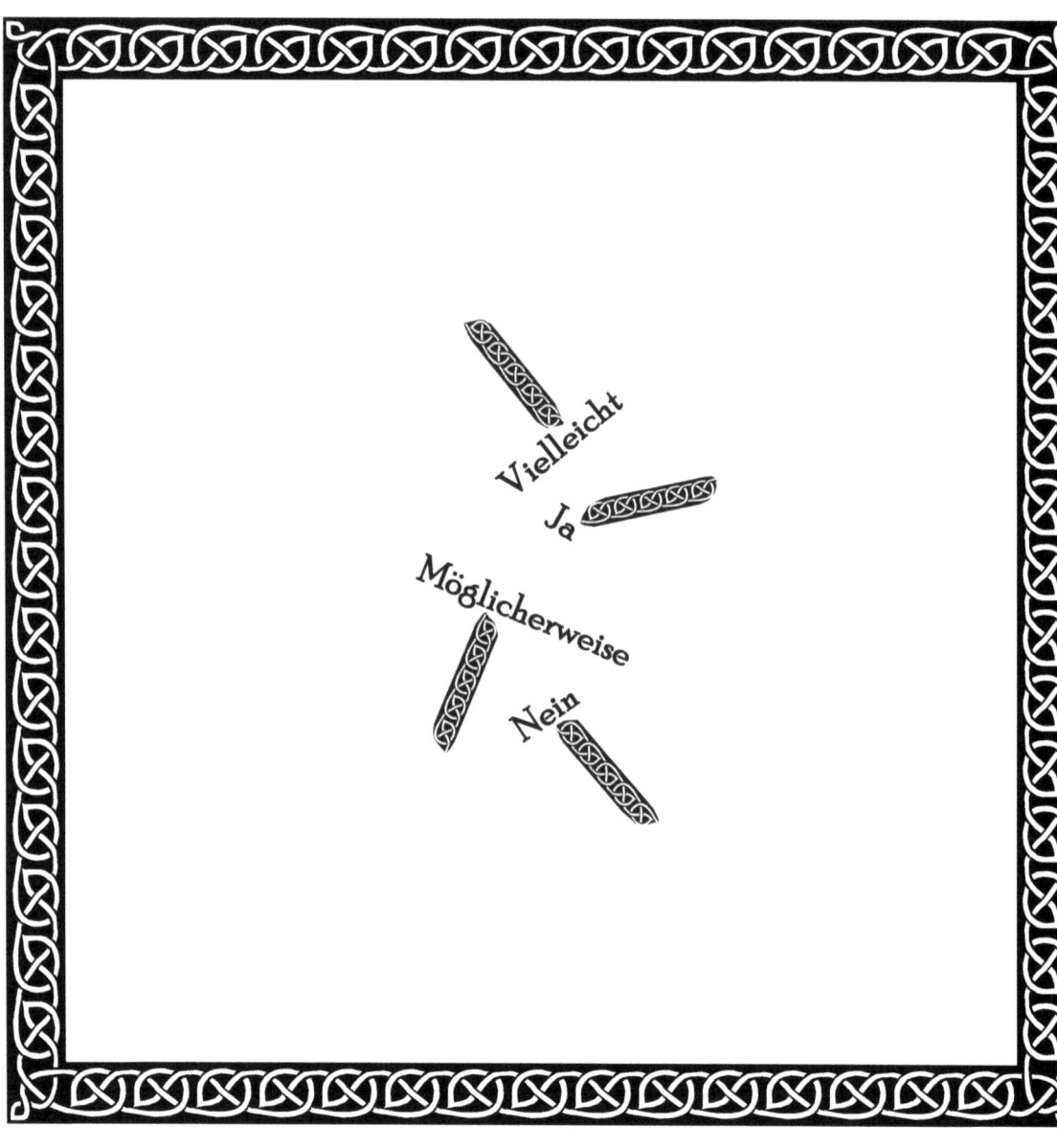

Arbeite daran

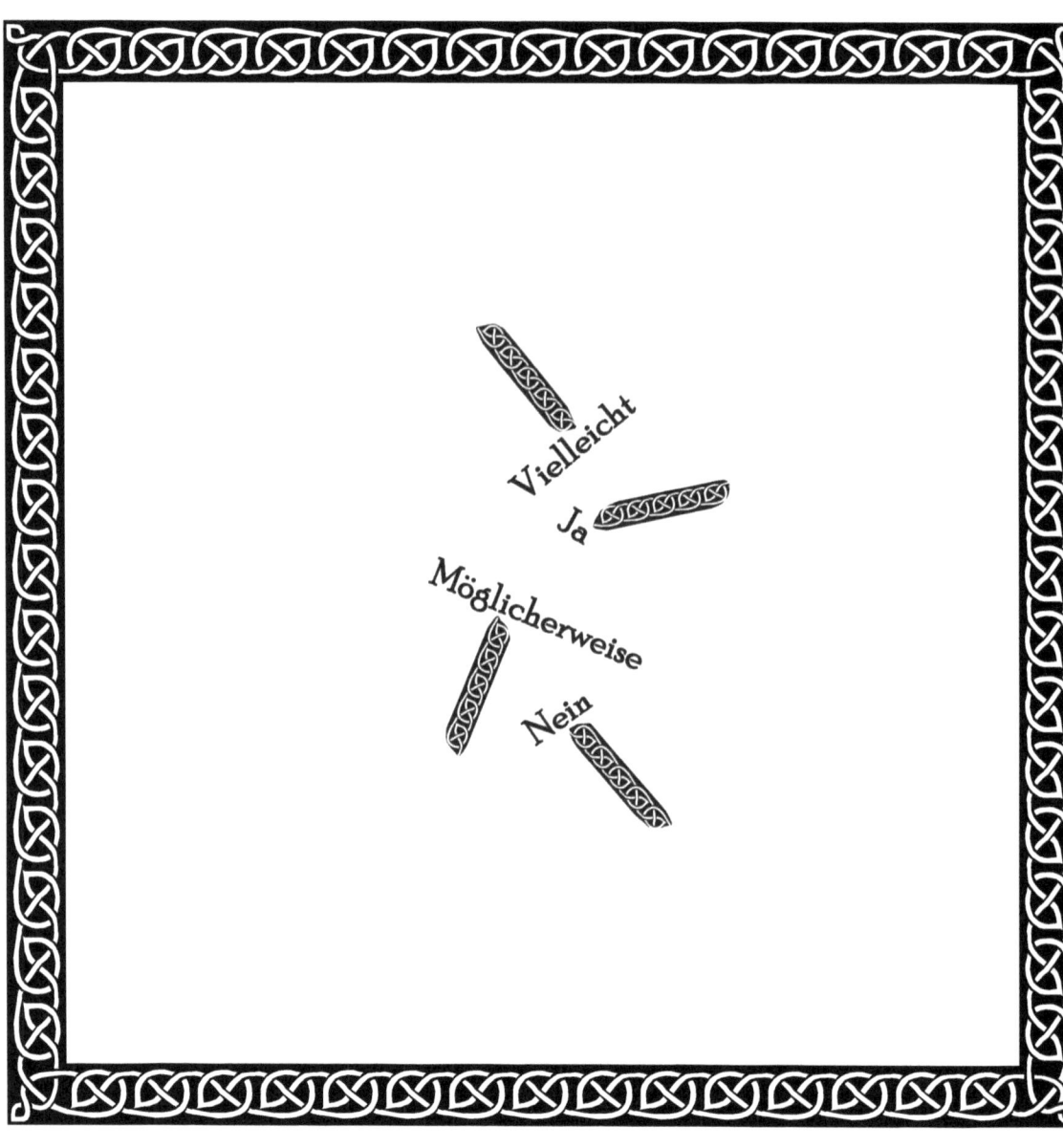

Bewegung
schadet nicht

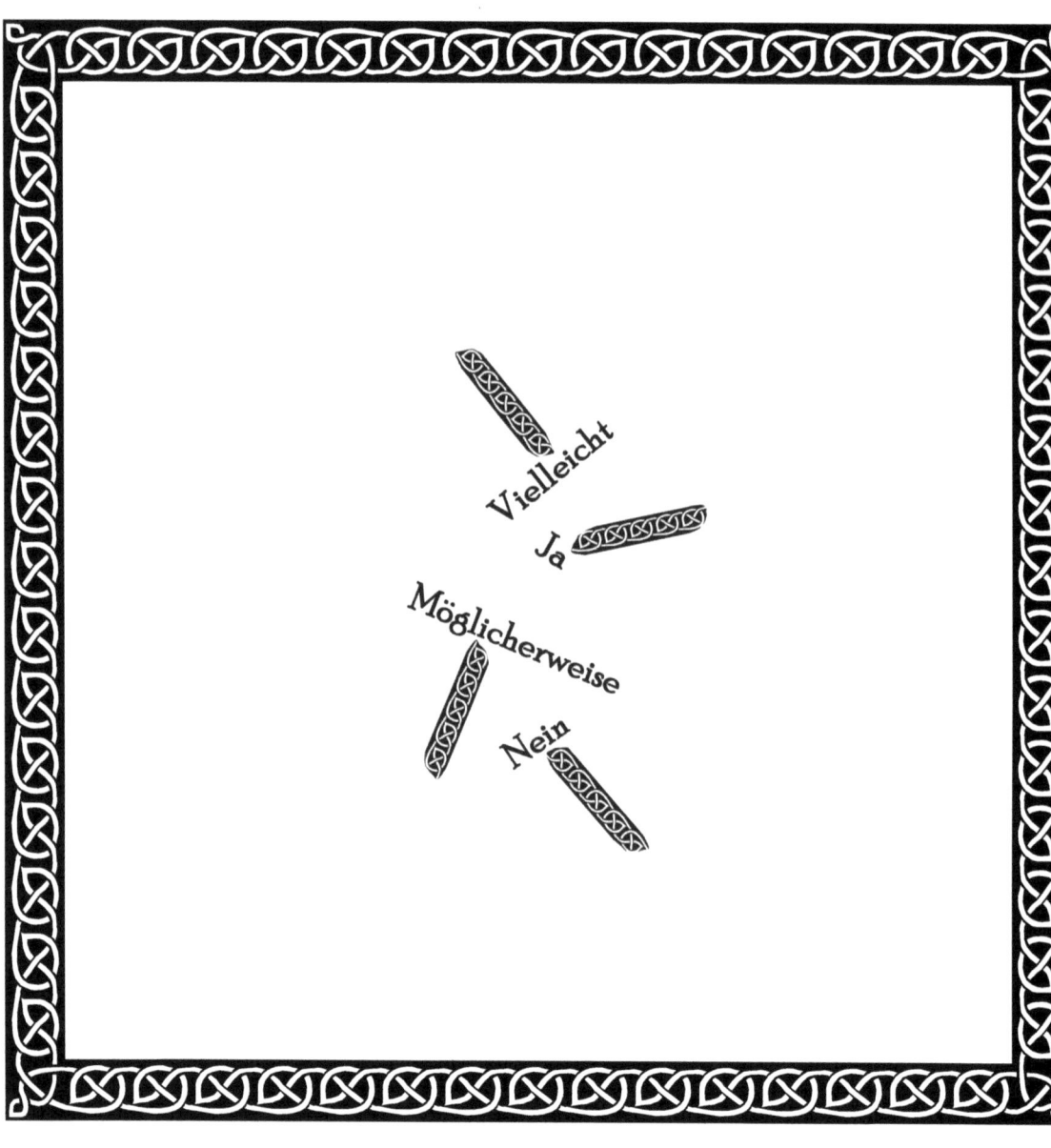

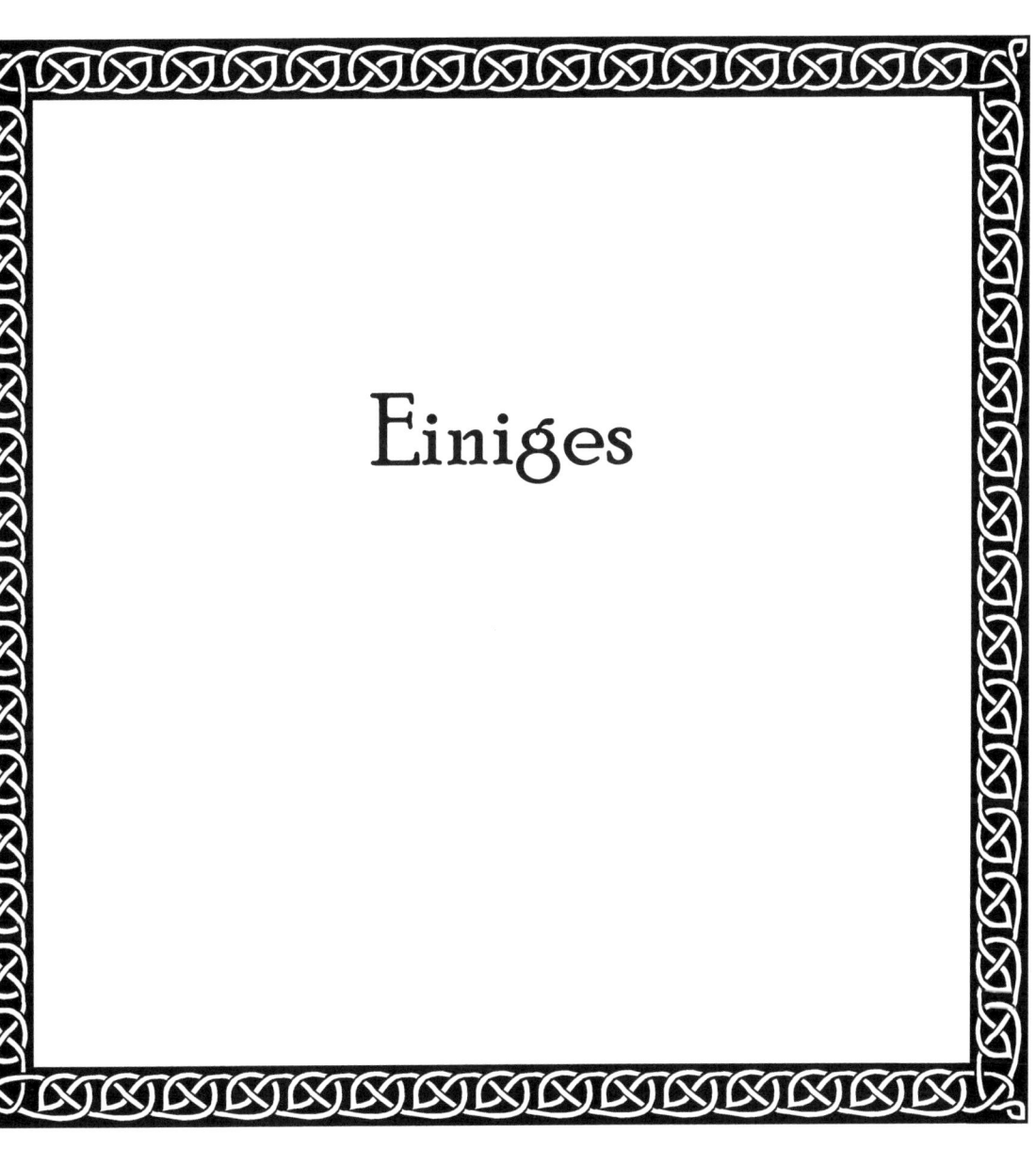

Einiges

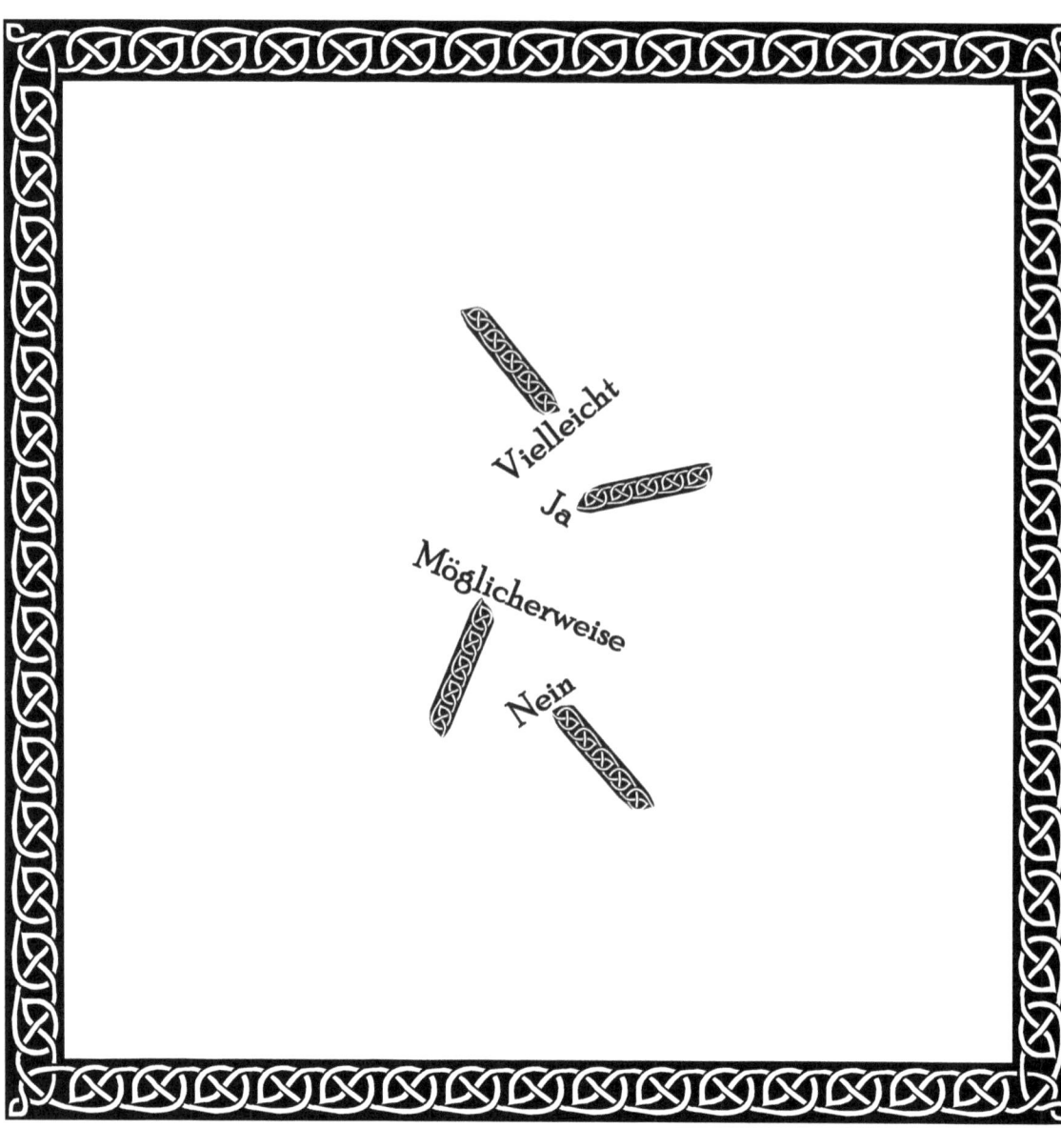

Nimm Hilfe an

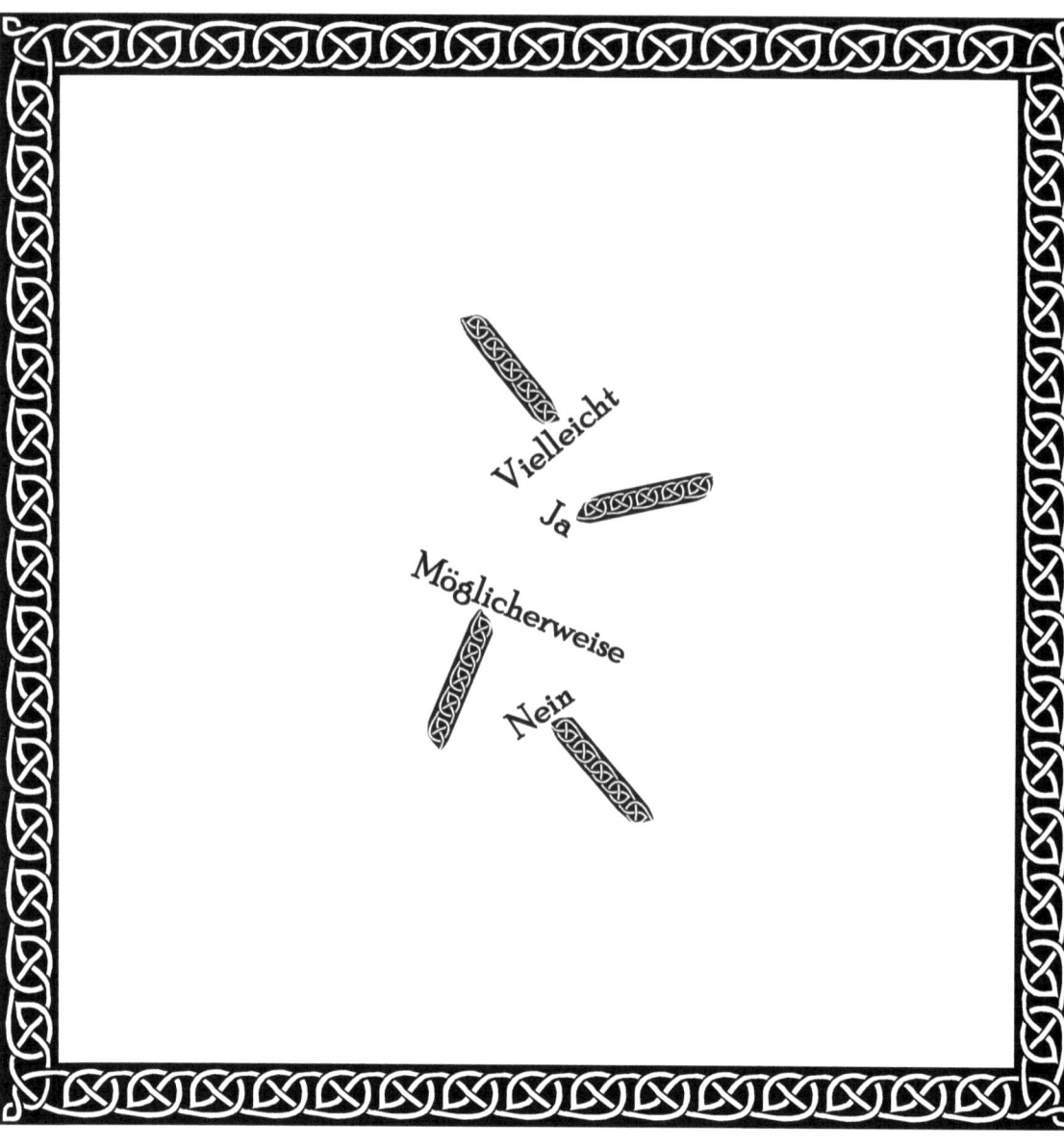

Jogge eine Runde und prüfe, wie du danach darüber denkst

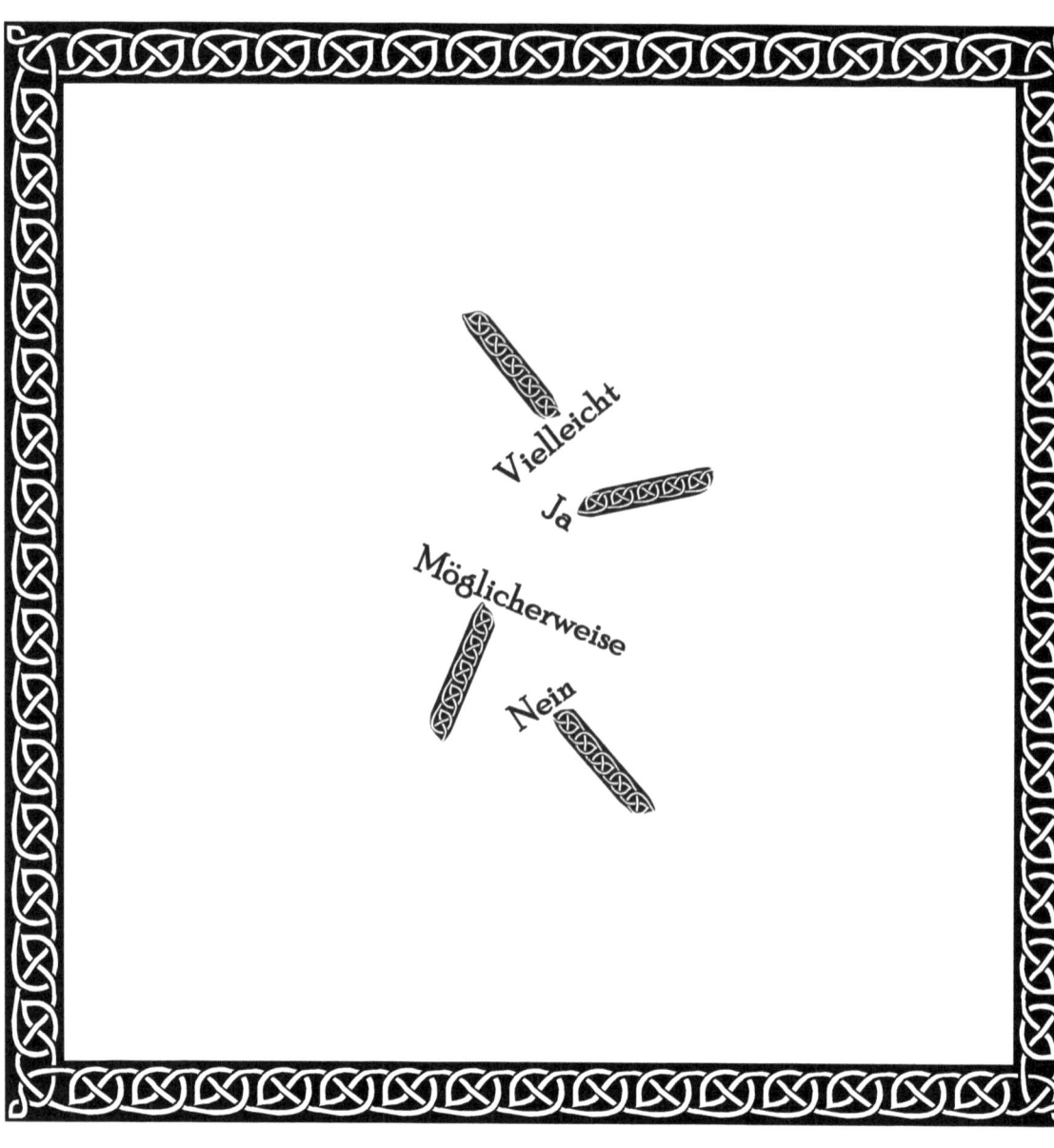

Wenn die Umstände
es erlauben

Ja

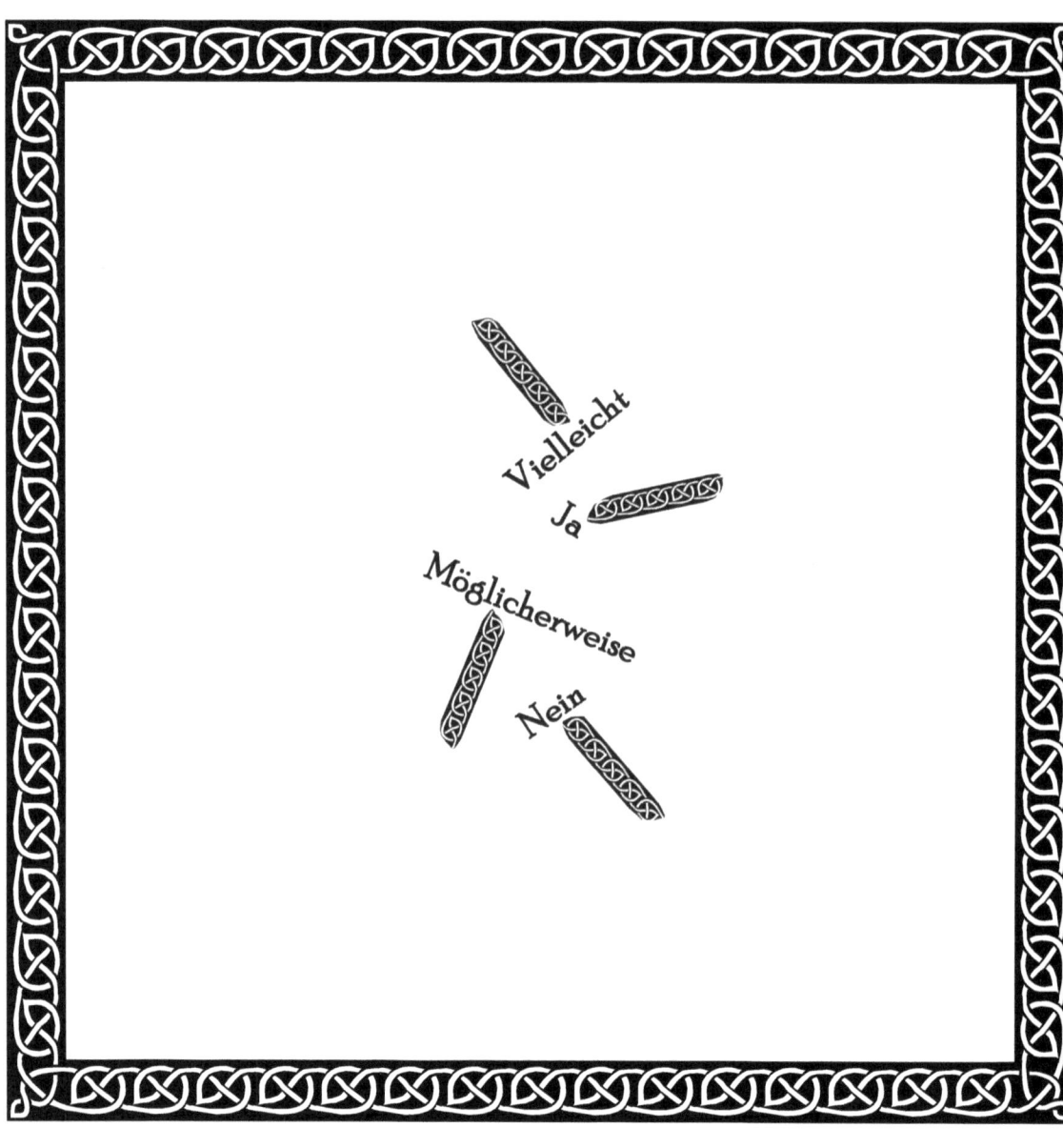

Bestelle beim Chinesen
und höre auf den
Glückskeks

Am Ende eines Tunnels
wird es wieder hell

Nach dem Hochmut
kommt der Fall

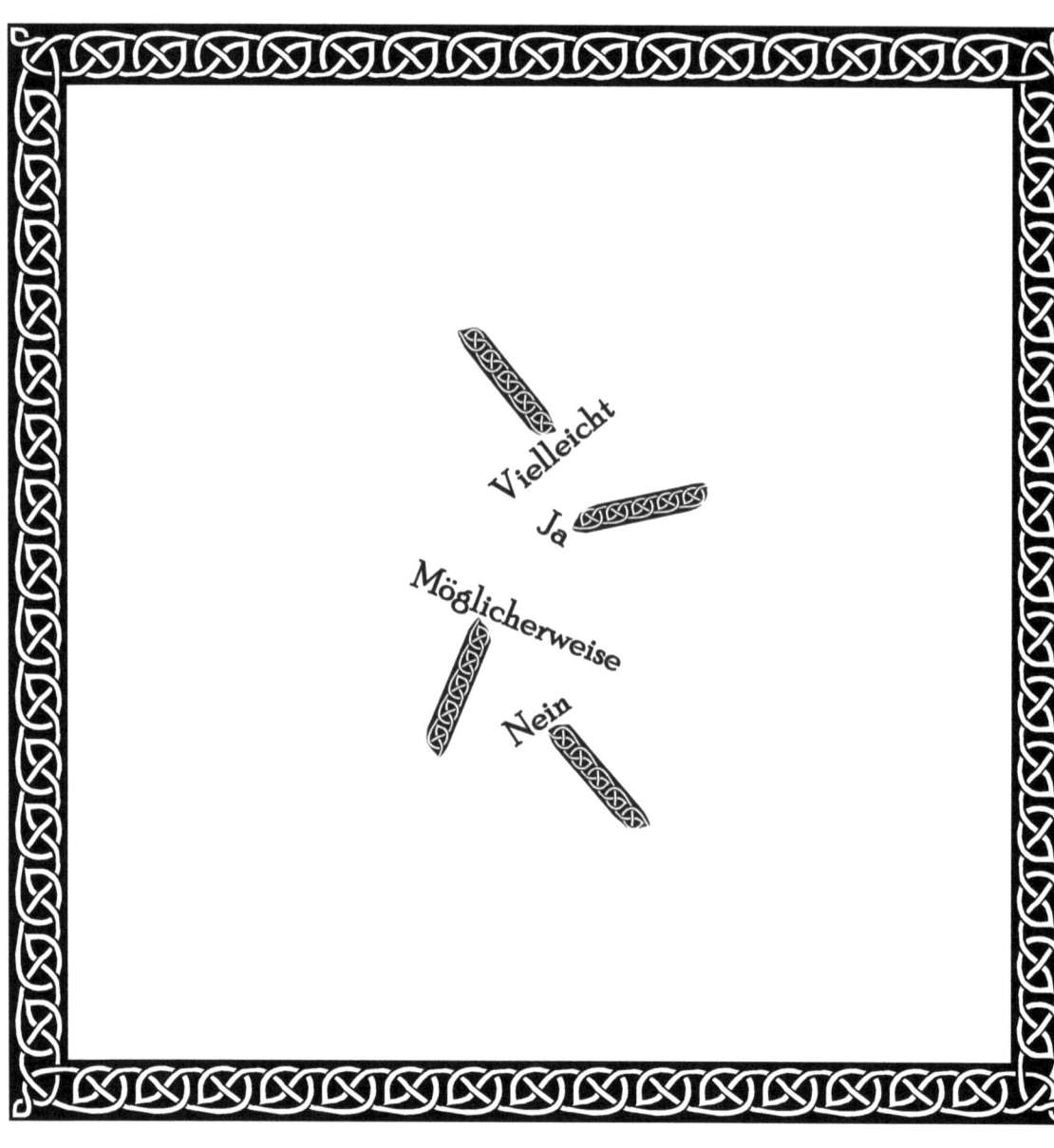

Gegensätze
ziehen sich an

Sachlich bleiben

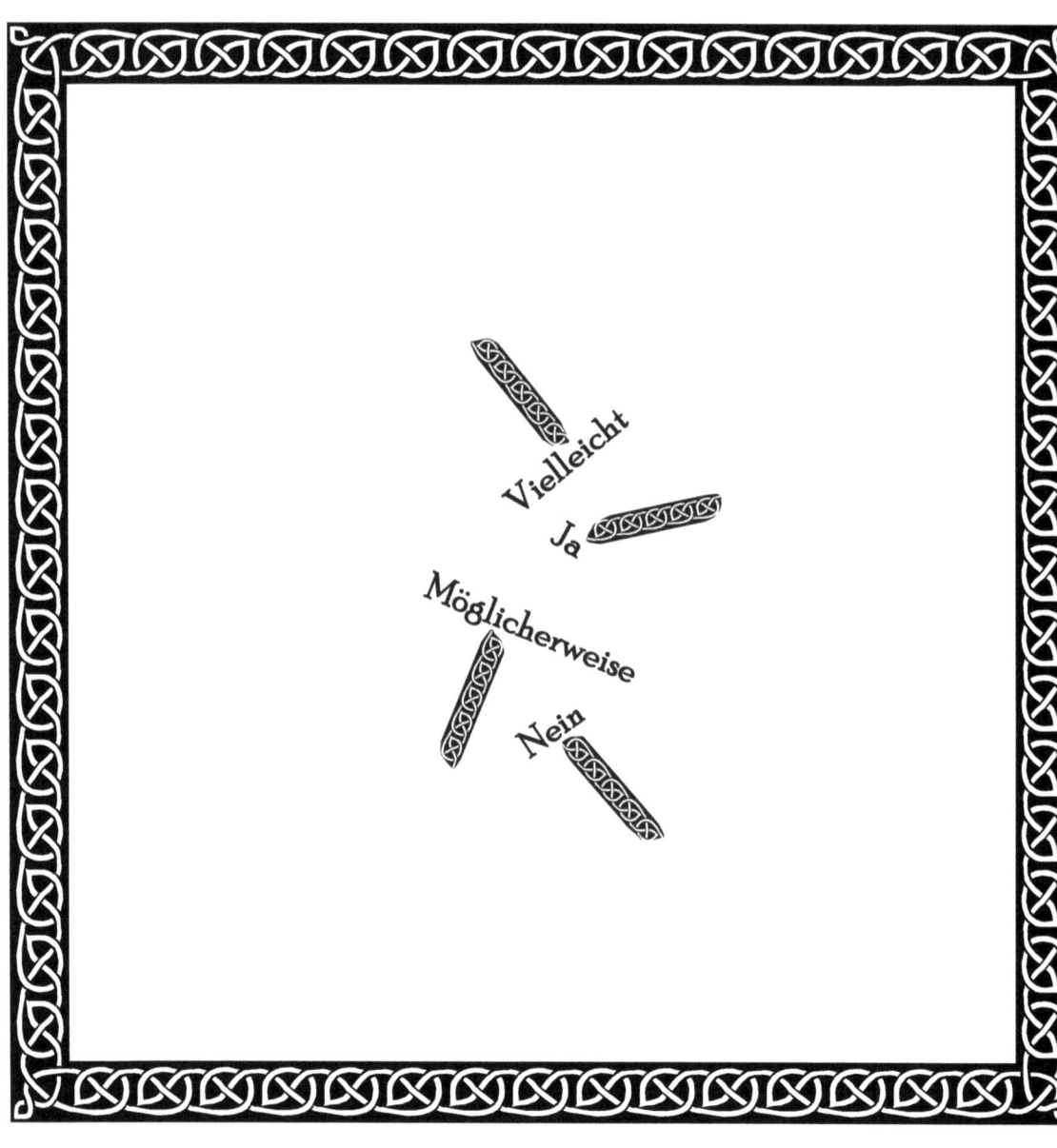

Probiere es
doch mal aus

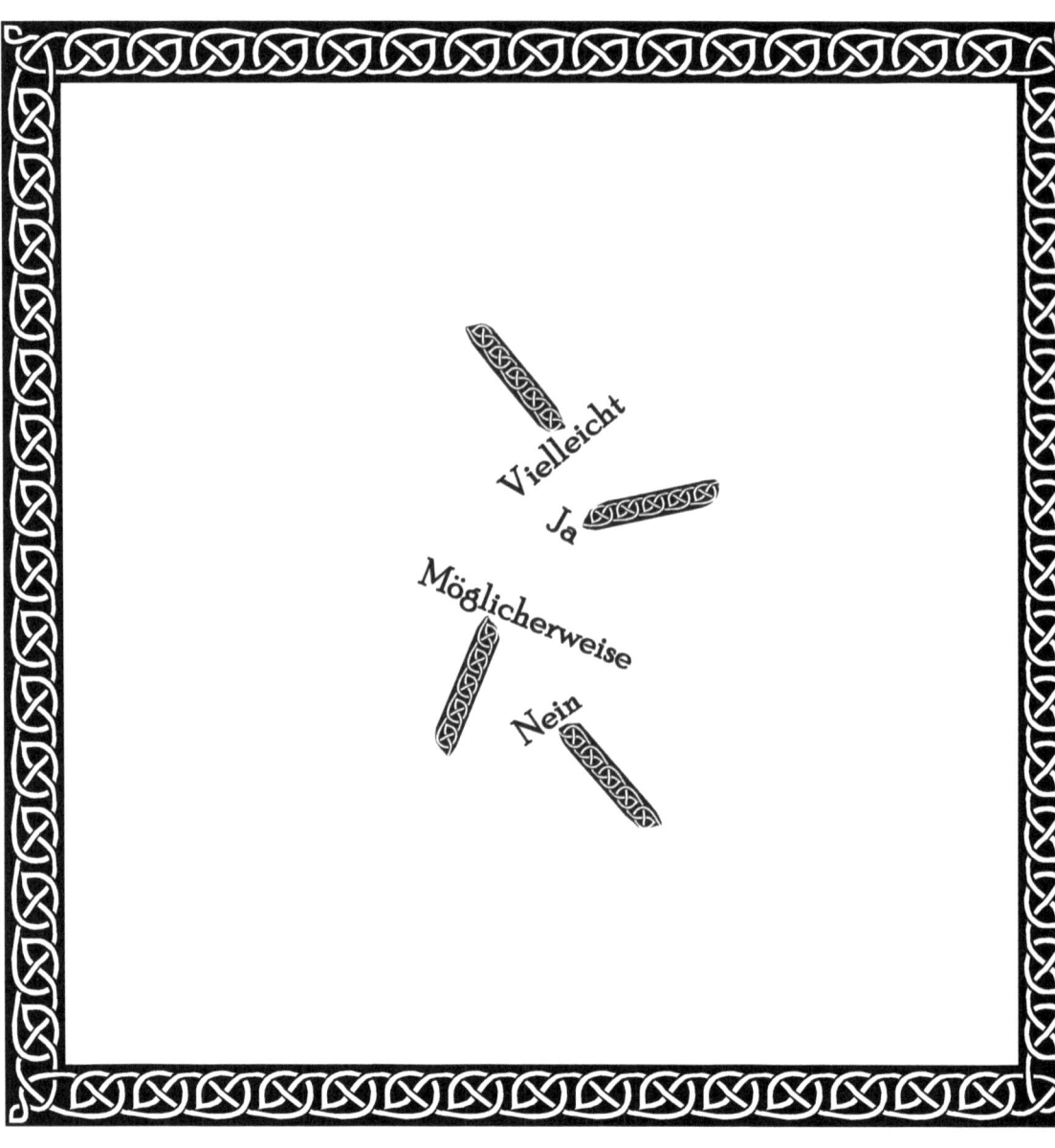

Das wird klasse

Nicht immer ist das
Erstbeste auch das
Richtige

Nein

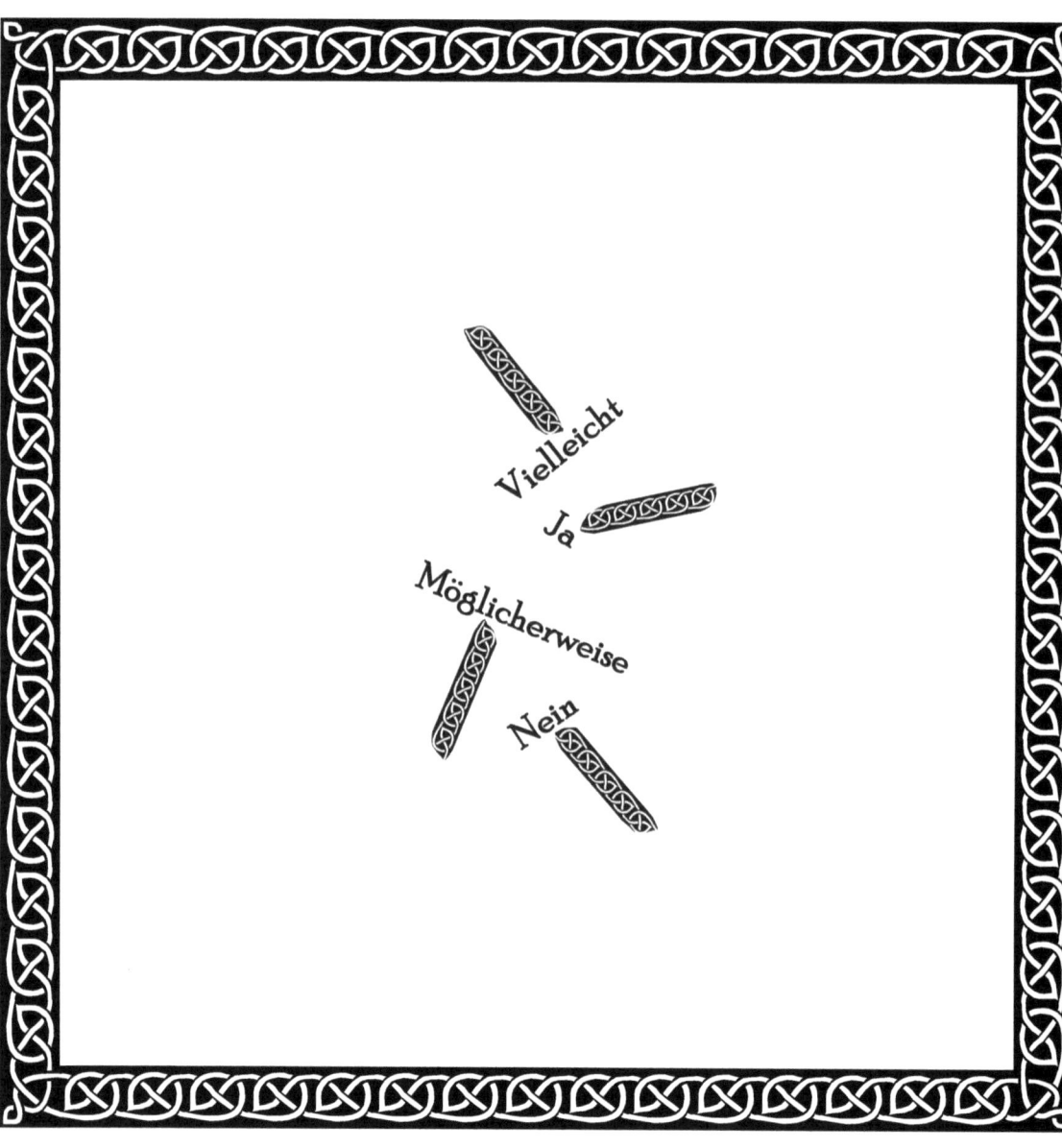

Ergreife die Chance

Sei ehrlich zu dir selbst

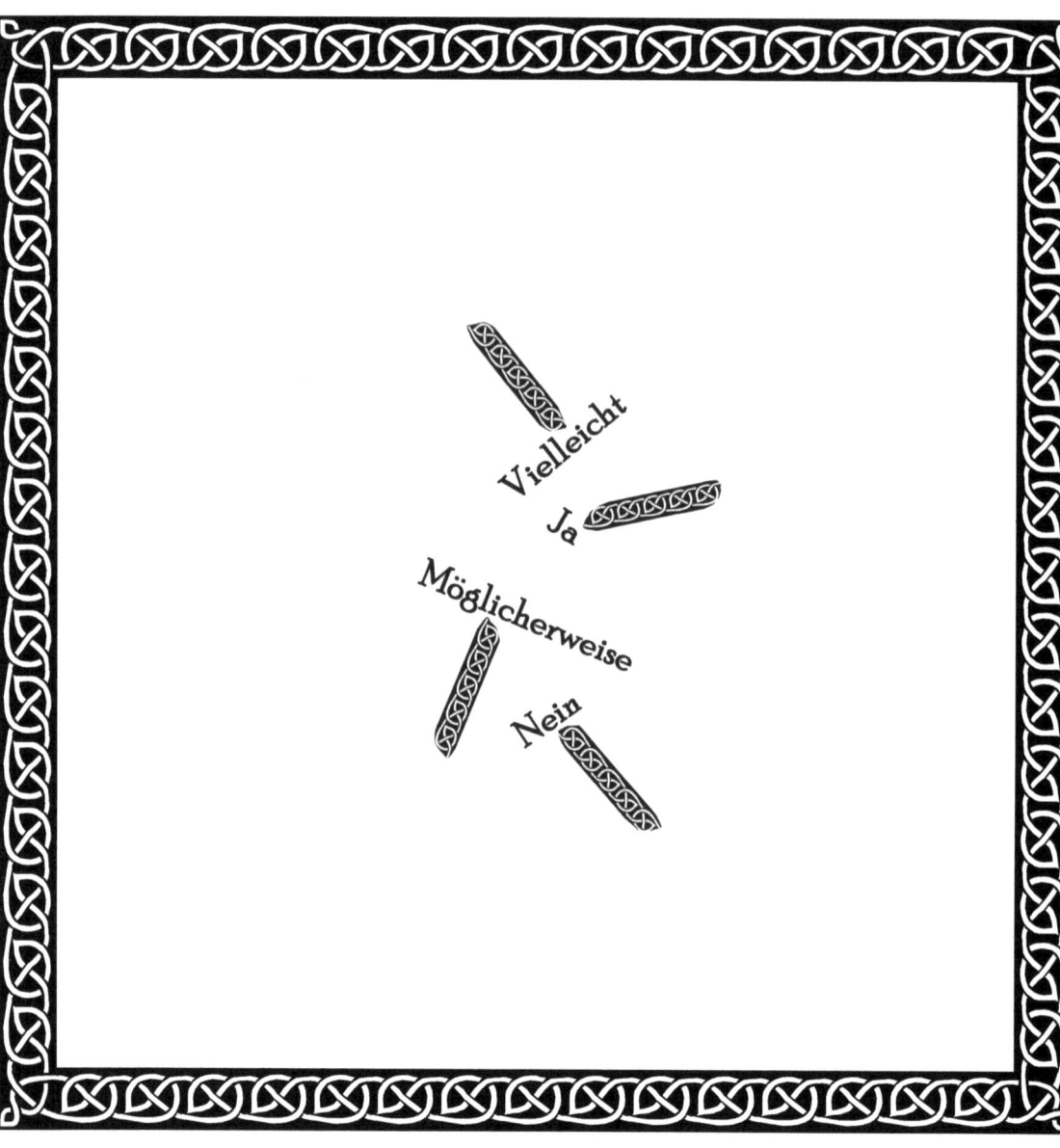

Auf jeden Fall

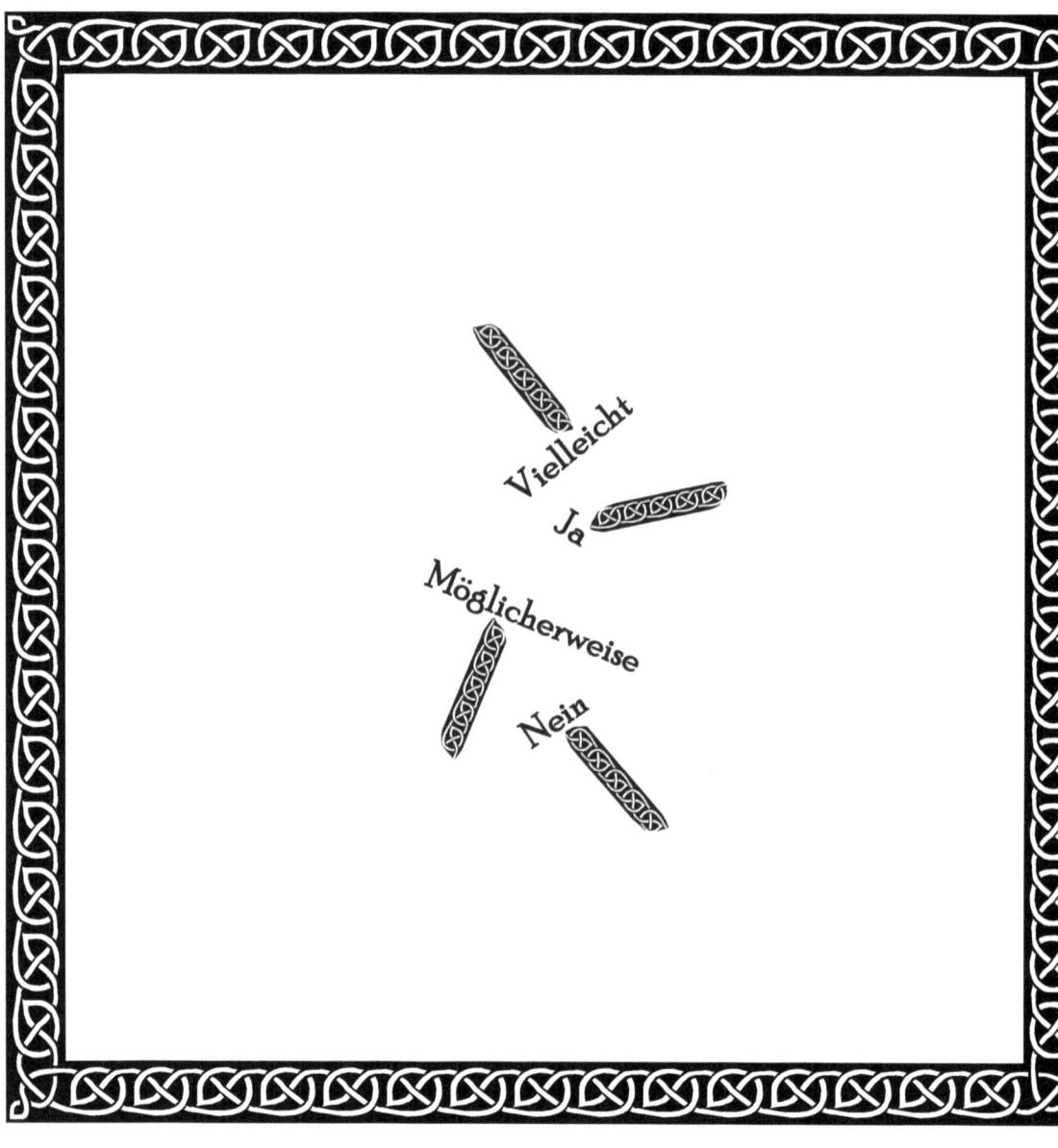

Gehe diese Angelegenheit mit gesundem Menschenverstand an

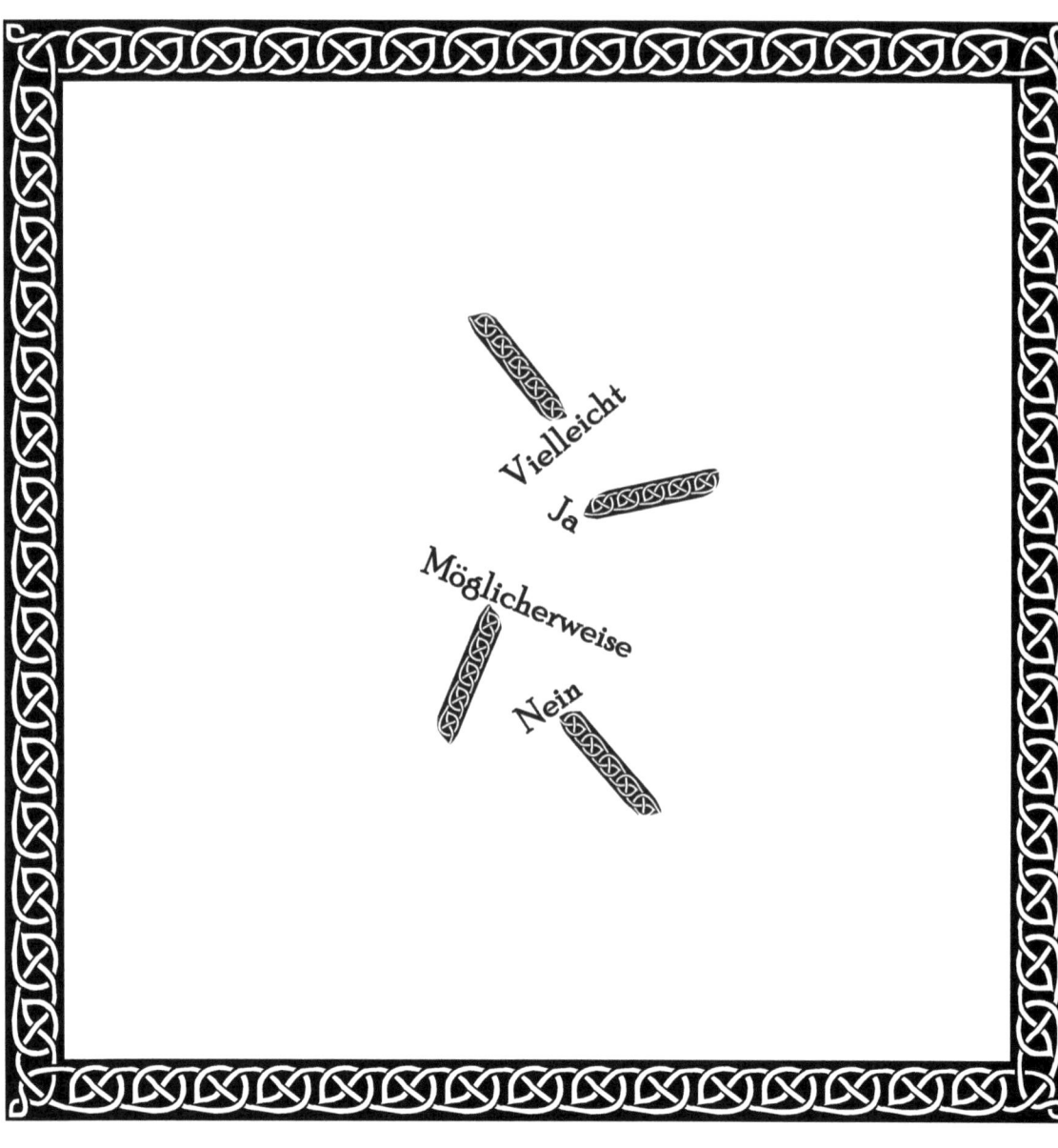

Habe Geduld

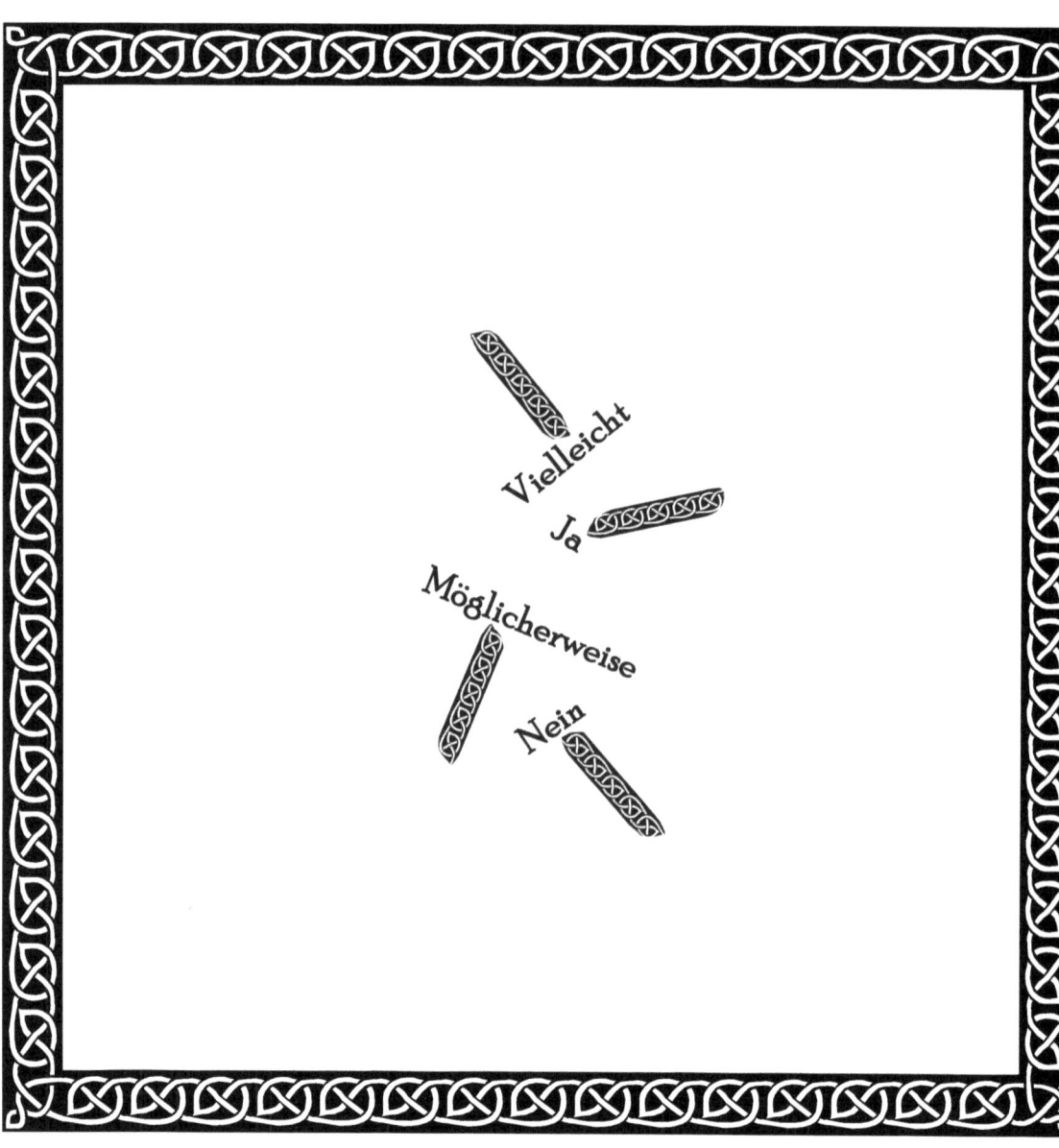

Es ist noch kein Meister
vom Himmel gefallen

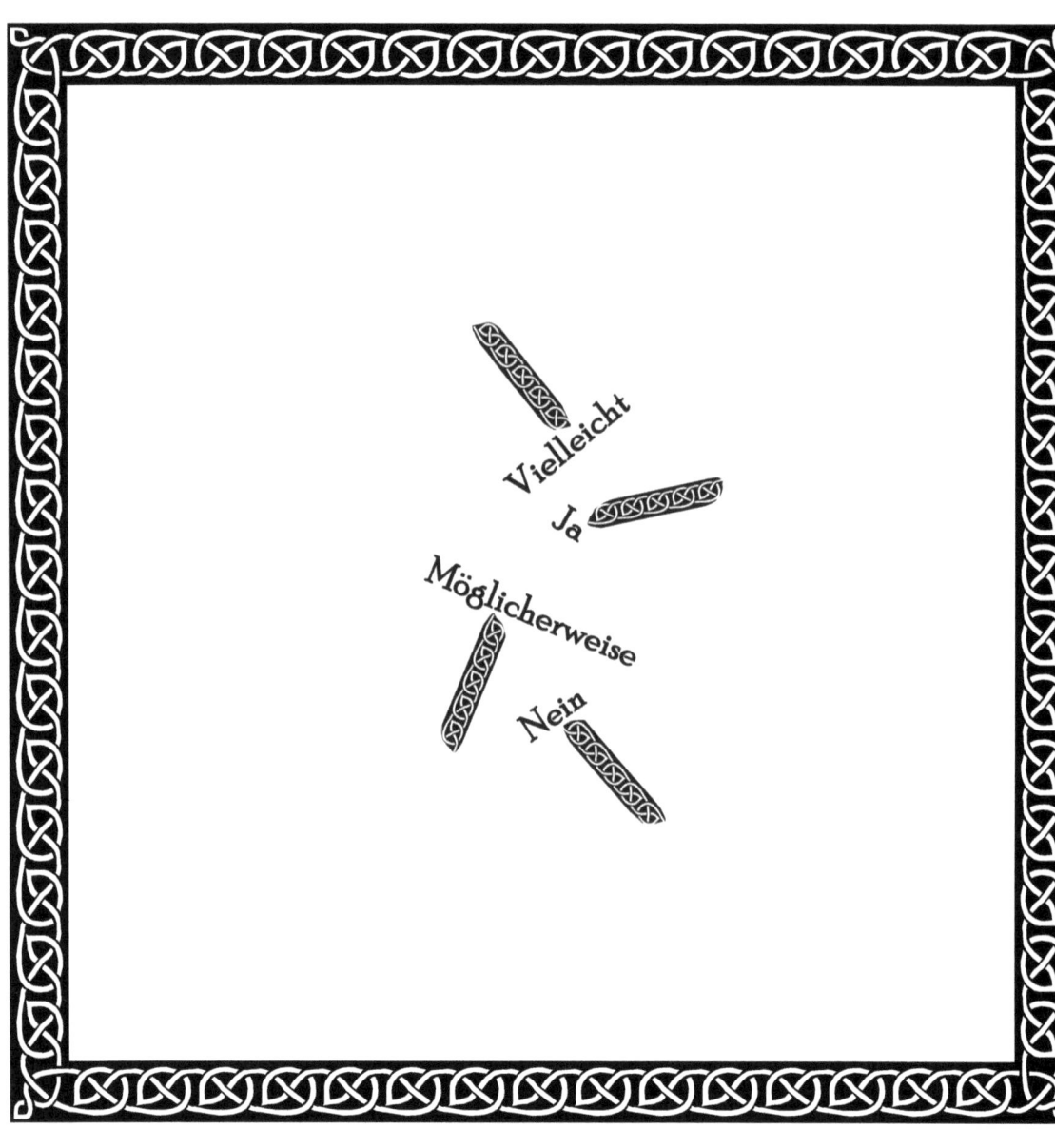

Schlimmer geht immer,
besser aber auch

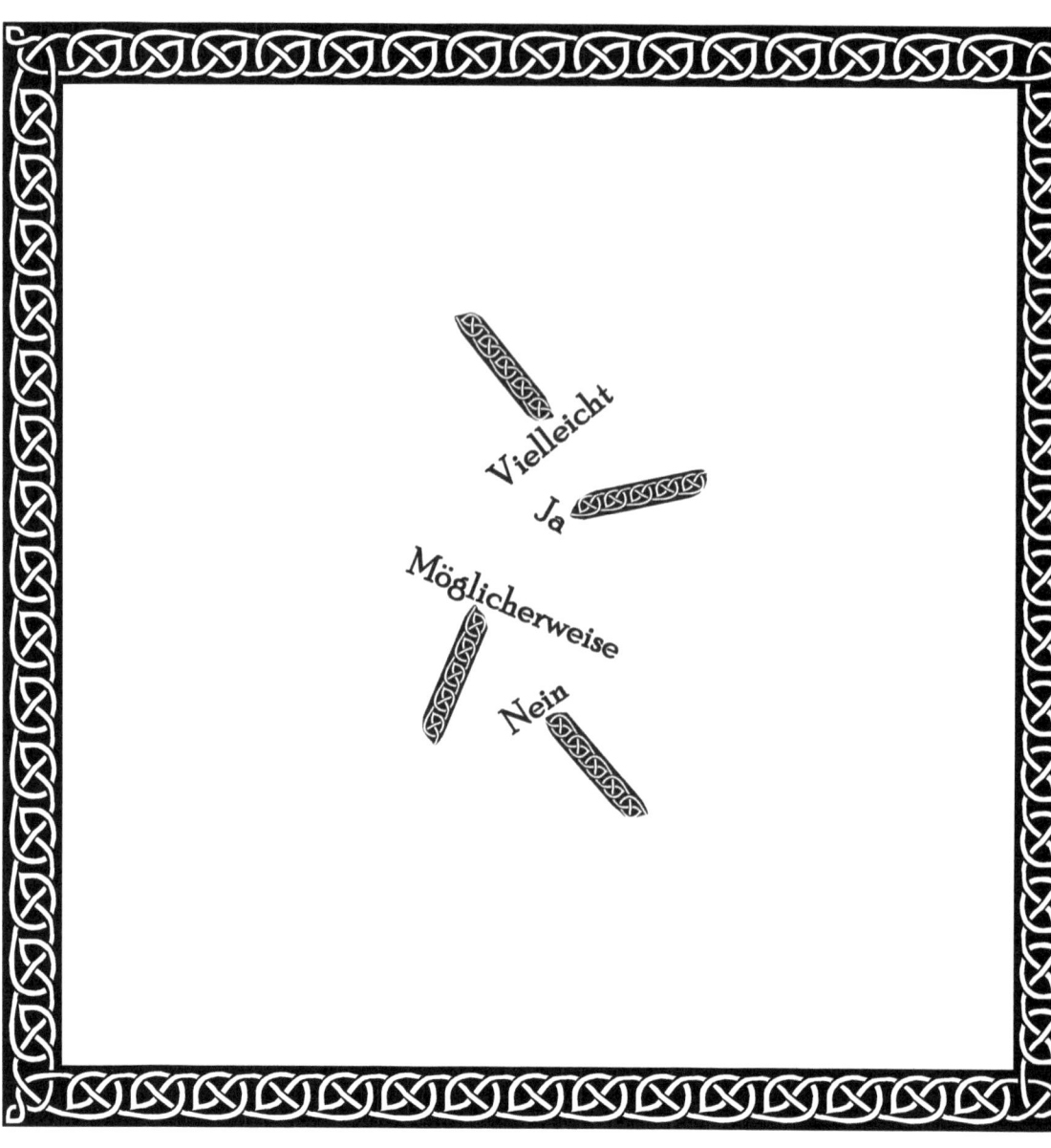

Bleib auf dem Boden der Tatsachen

Nein

Wehre dich

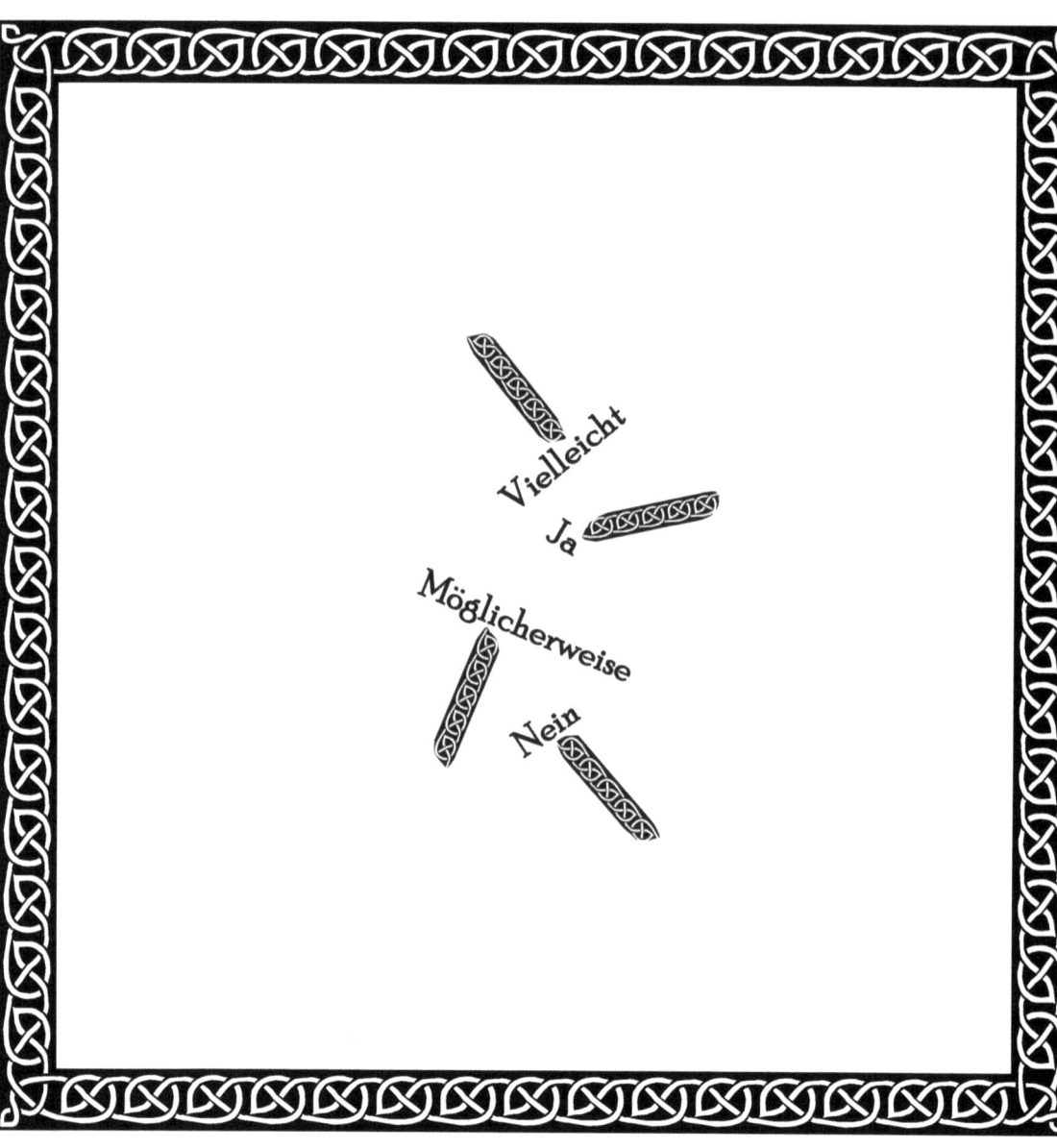

Bleibe
auf dem Teppich

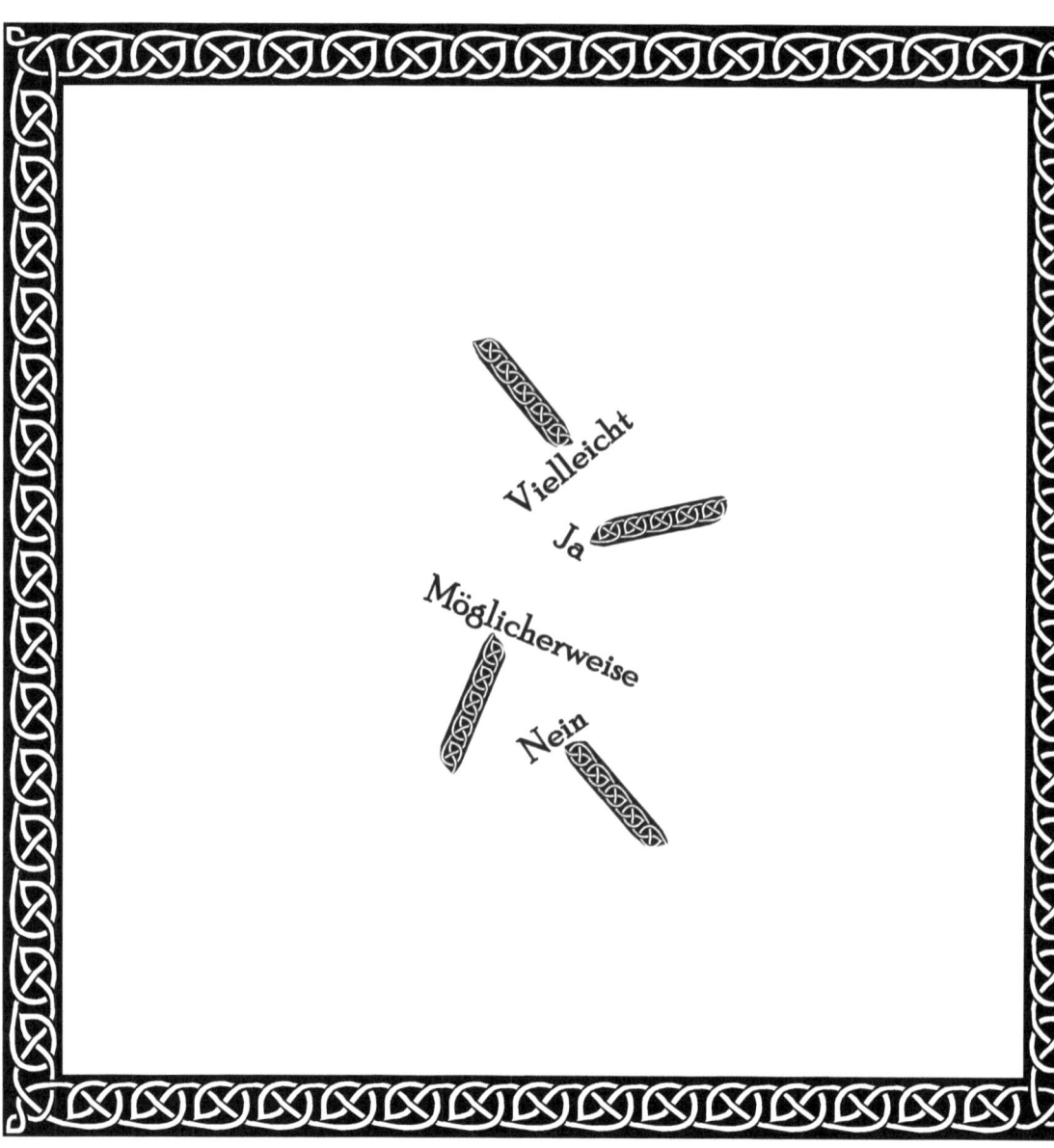

Der 1. Schritt fällt oft schwer

Nicht verzagen,
versuche es erneut

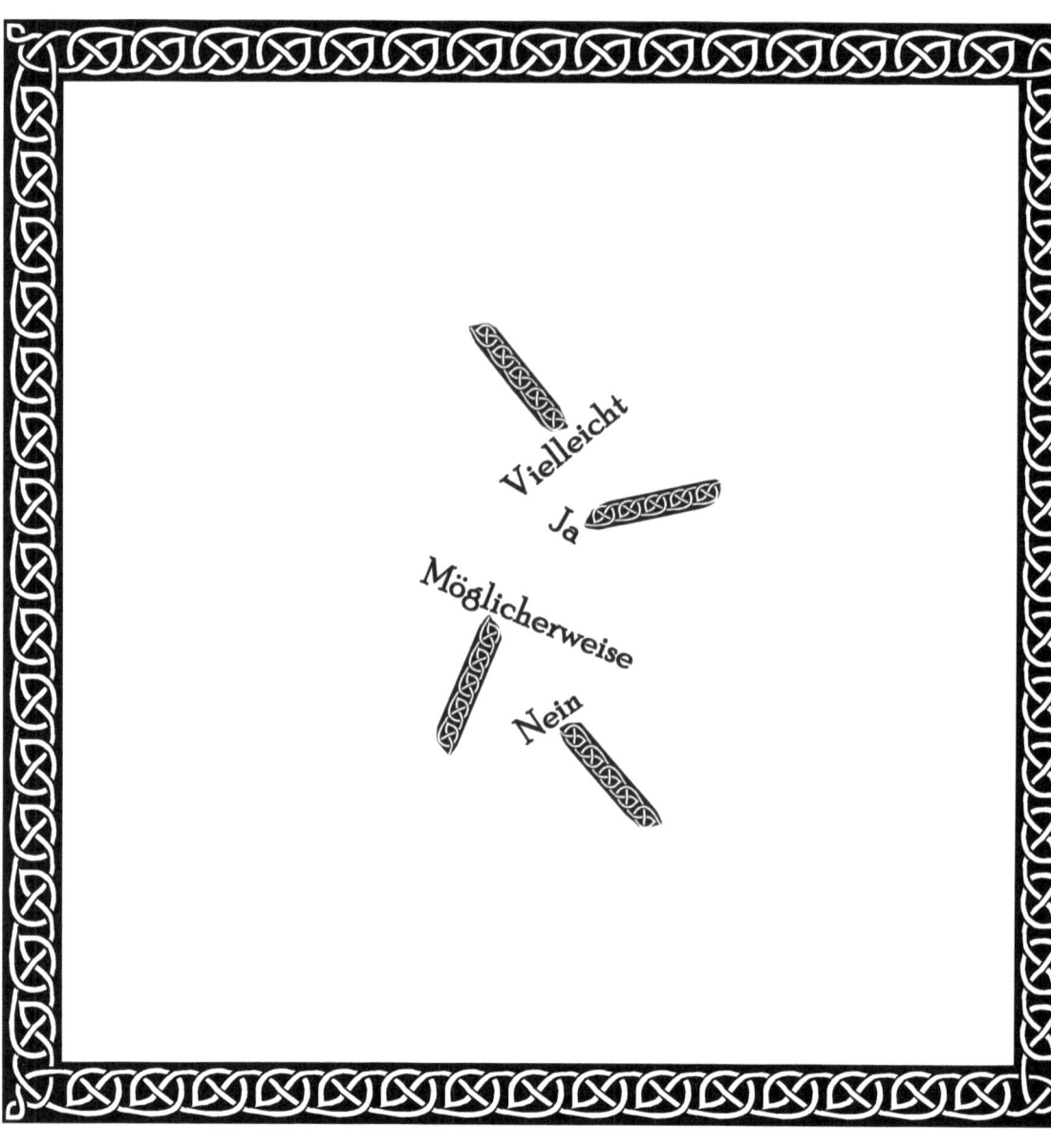

Überlege, ob du den richtigen Weg eingeschlagen hast

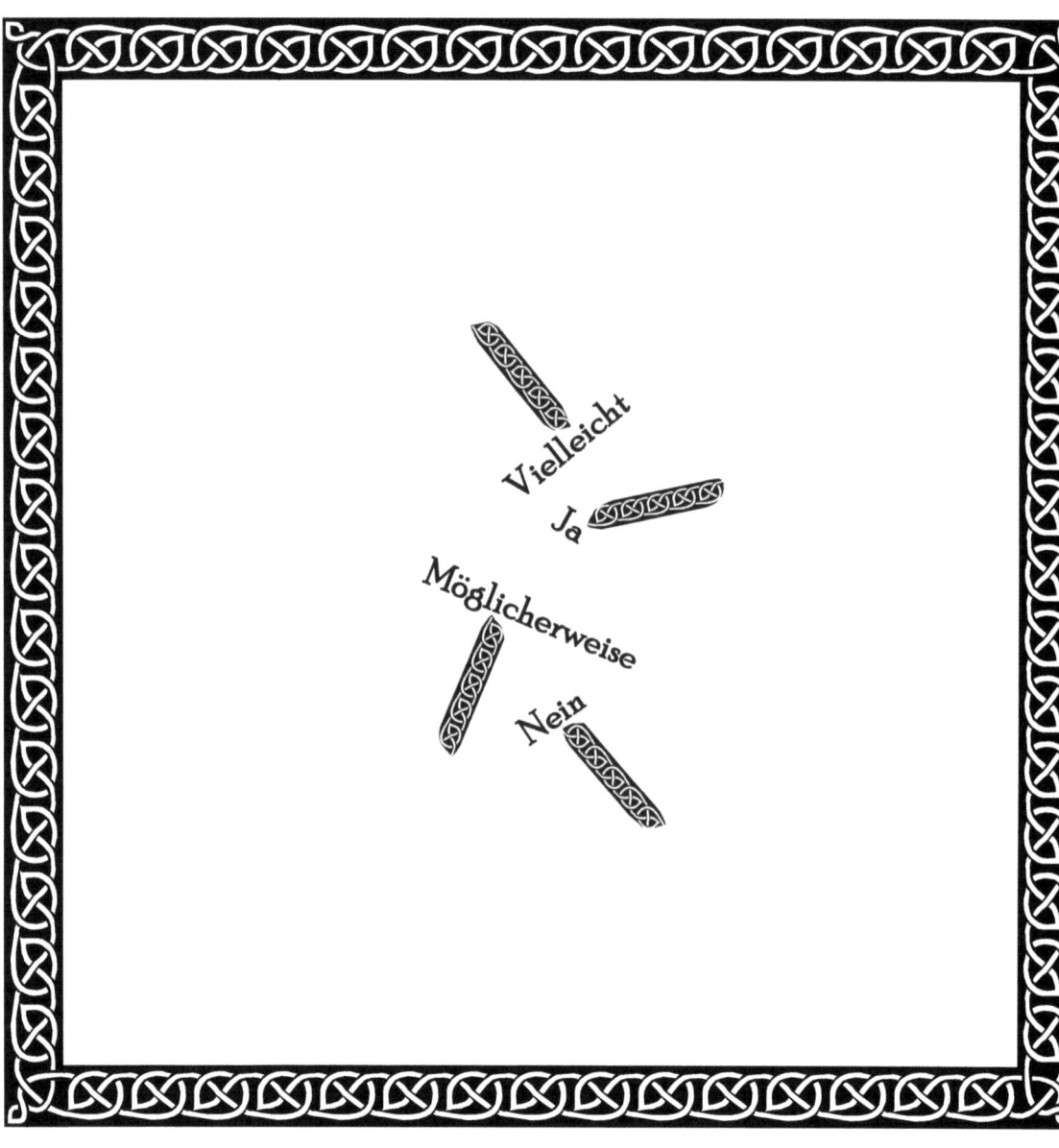

Ja

Das war einmal

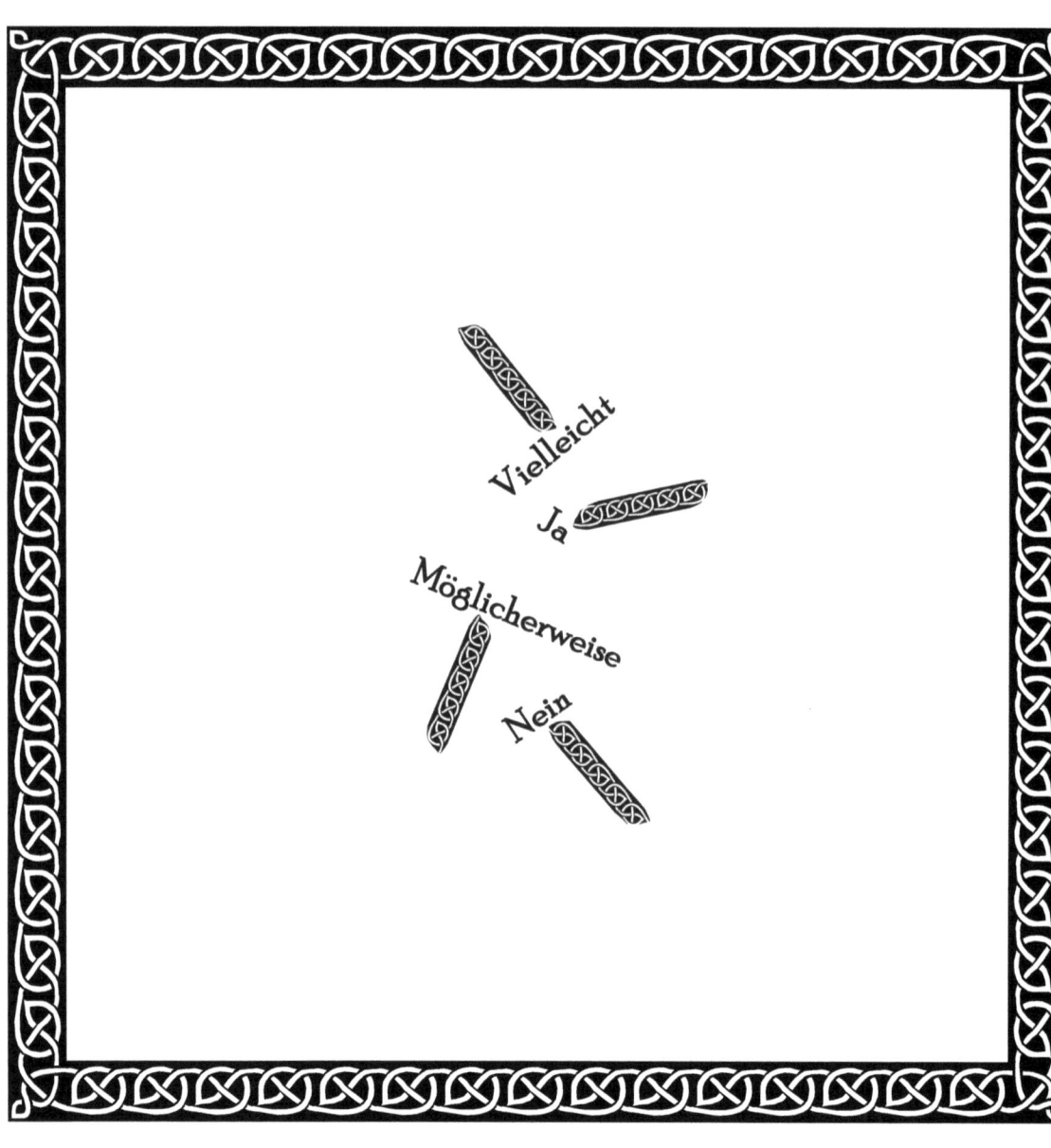

Öffne dich
für Neues

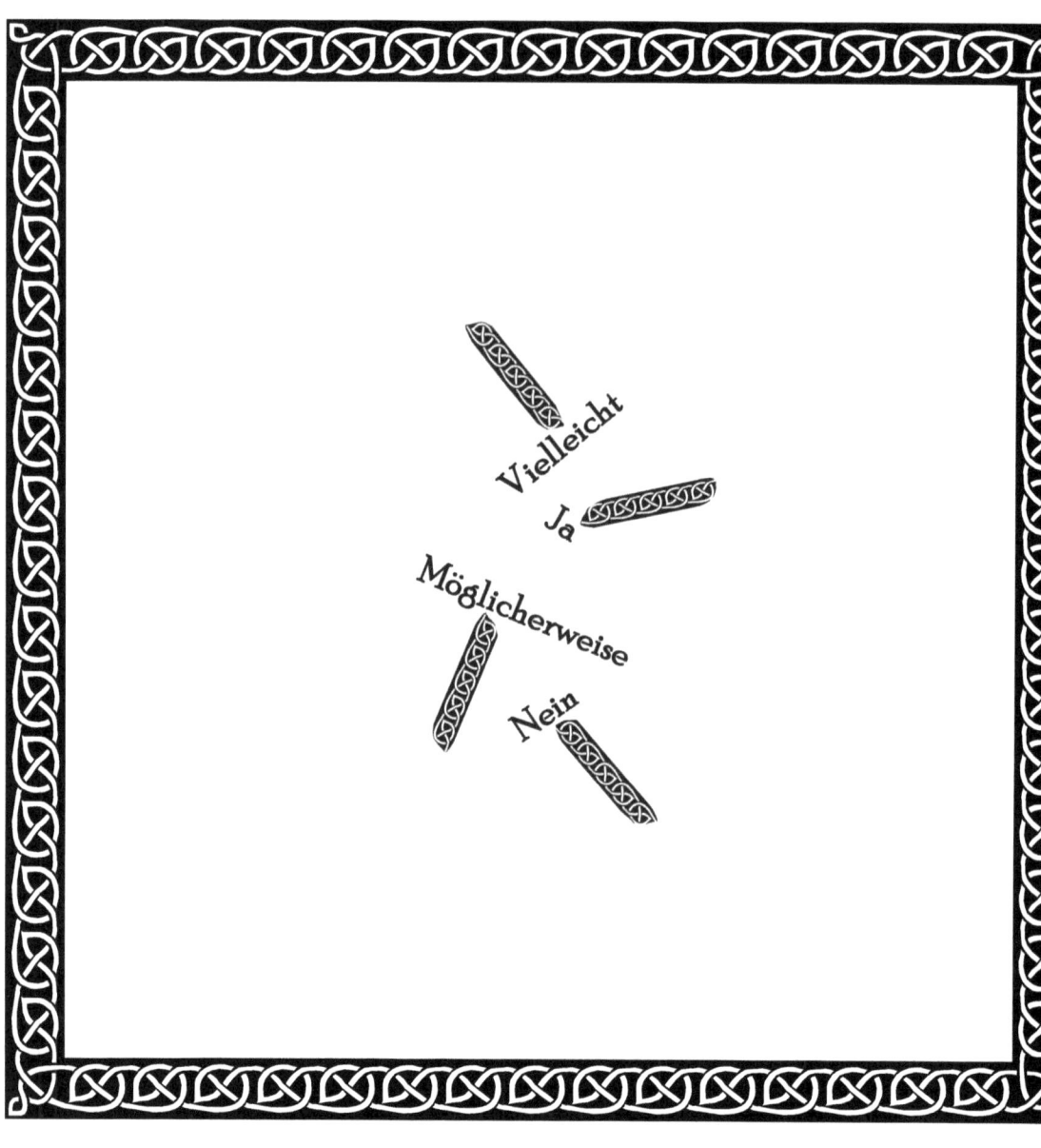

Beende erst ein
laufendes Projekt,
bevor du dich
einer neuen
Aufgabe widmest

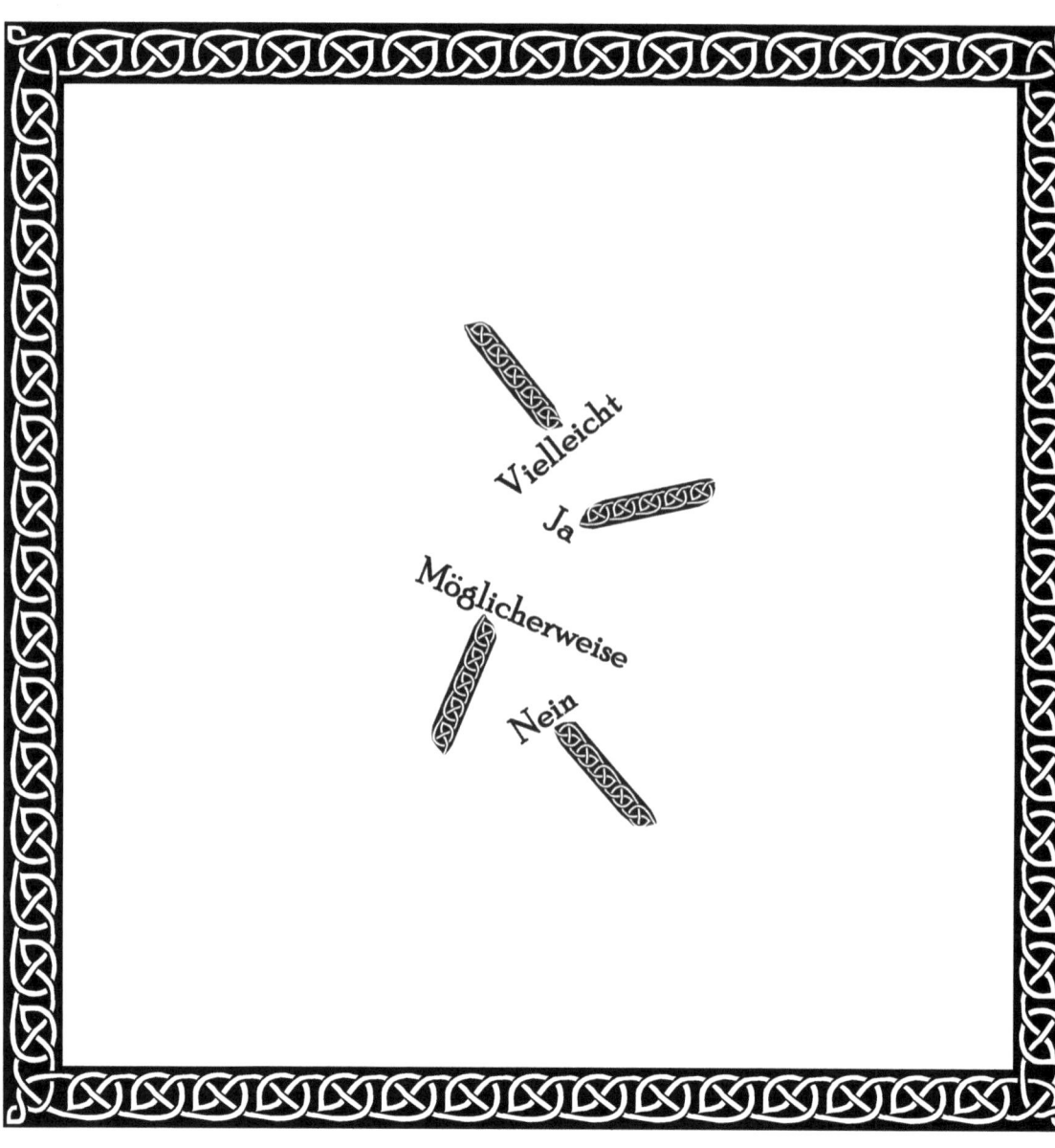

Oftmals ist der
schwerere Weg der
bessere Weg

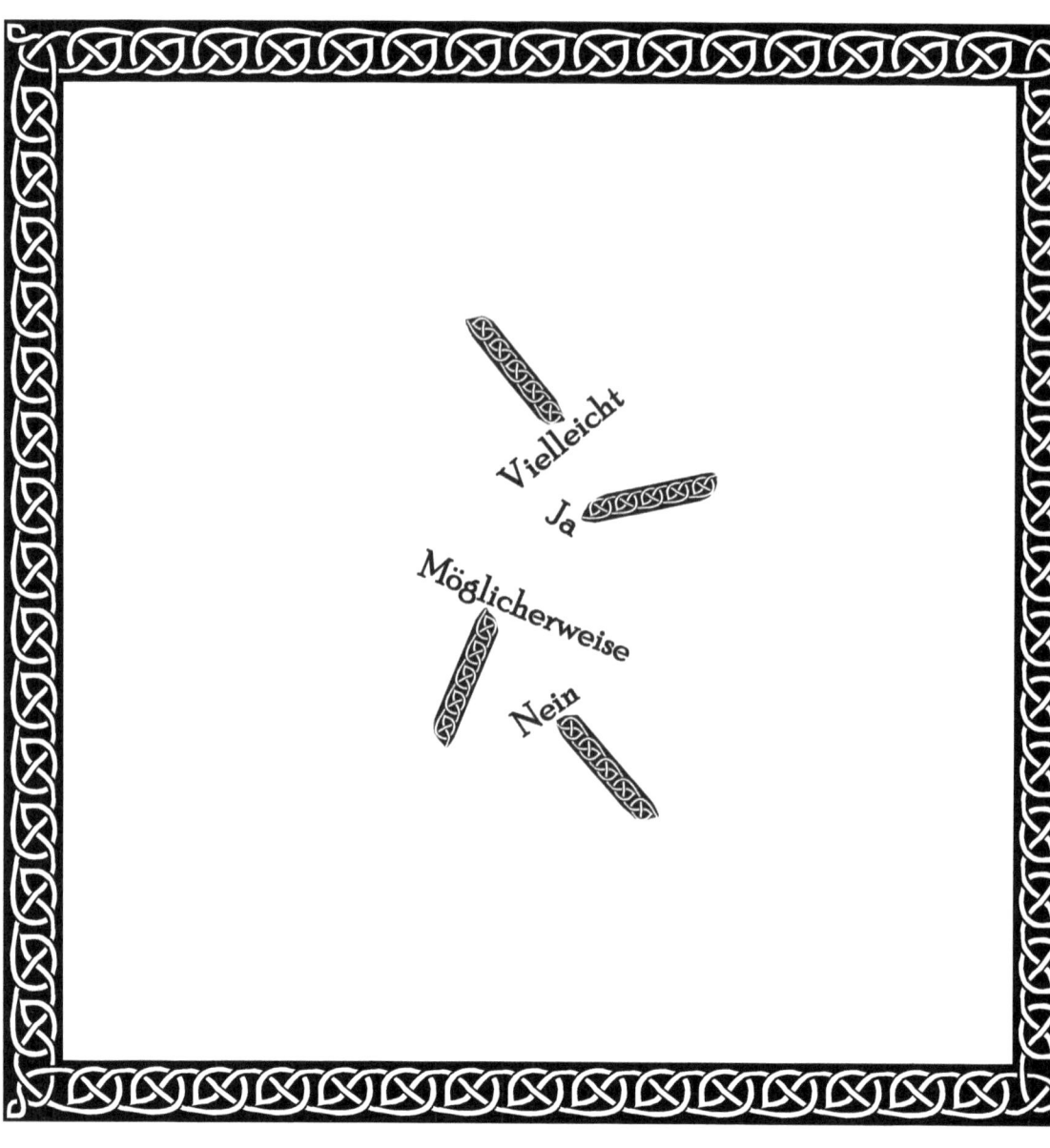

Ein guter
Grundgedanke

–

noch etwas
ausbaufähig

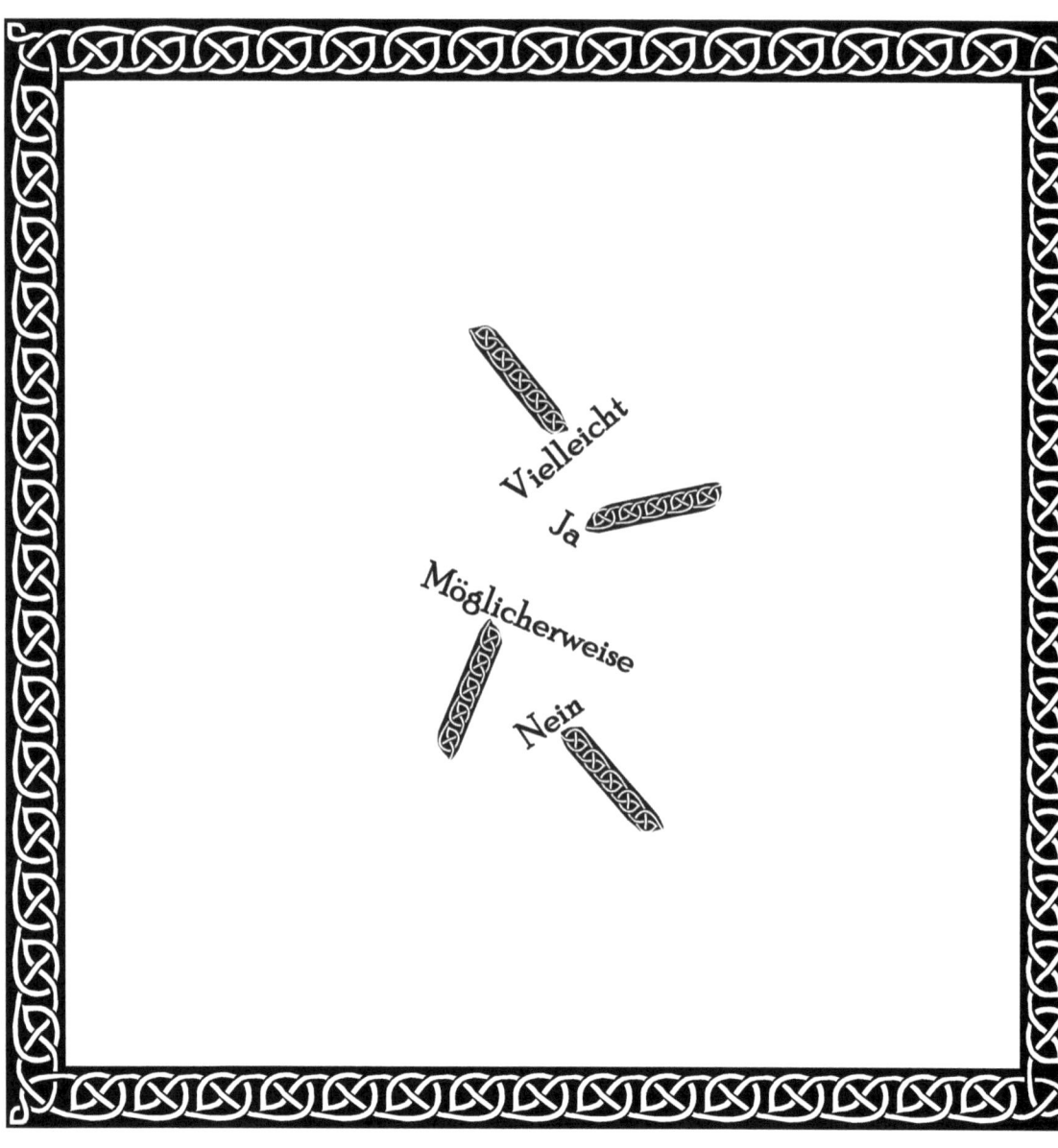

Du wirst dich
sehr freuen

Achte auf Zeichen im Alltag

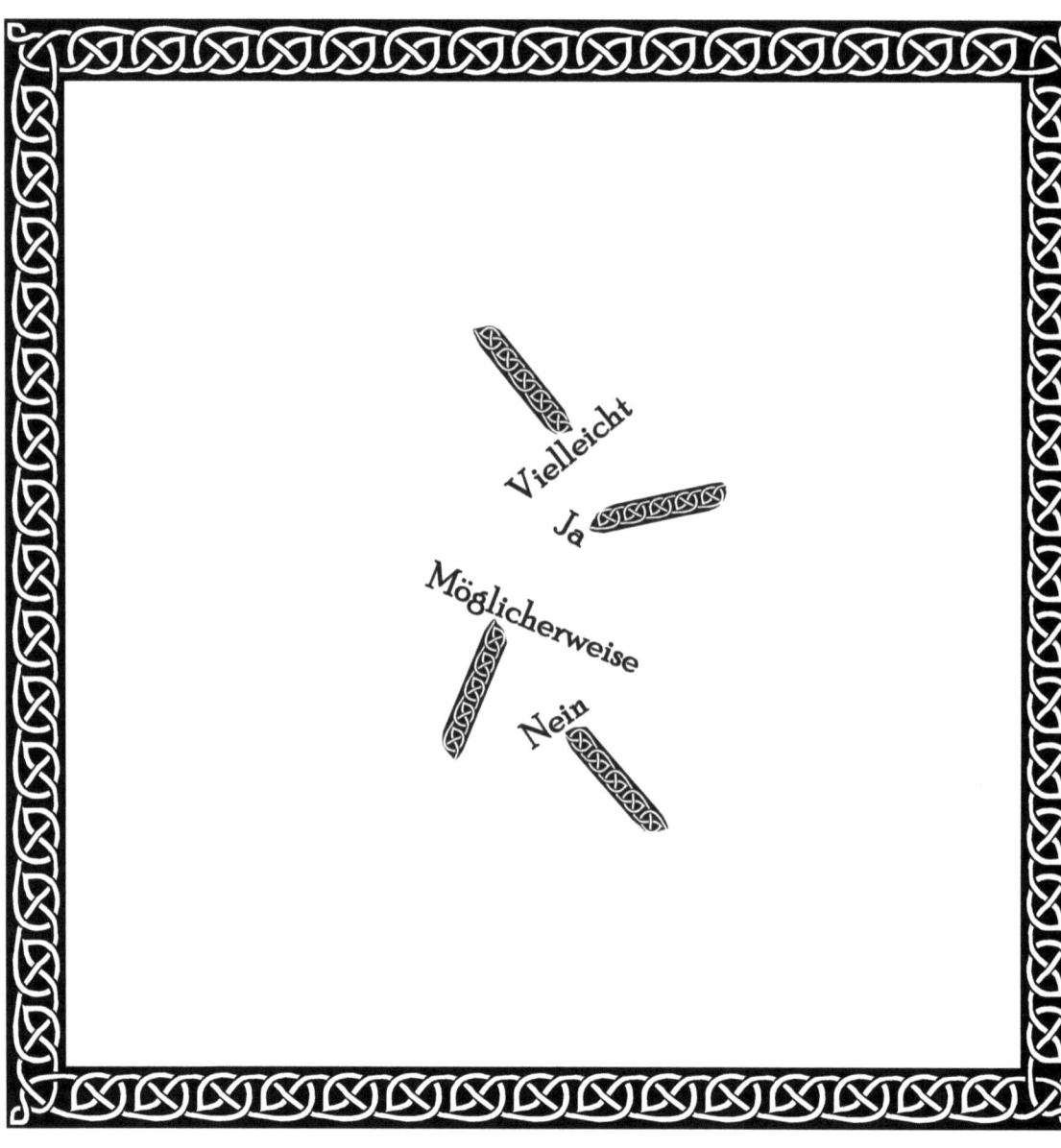

Eine gute Sache

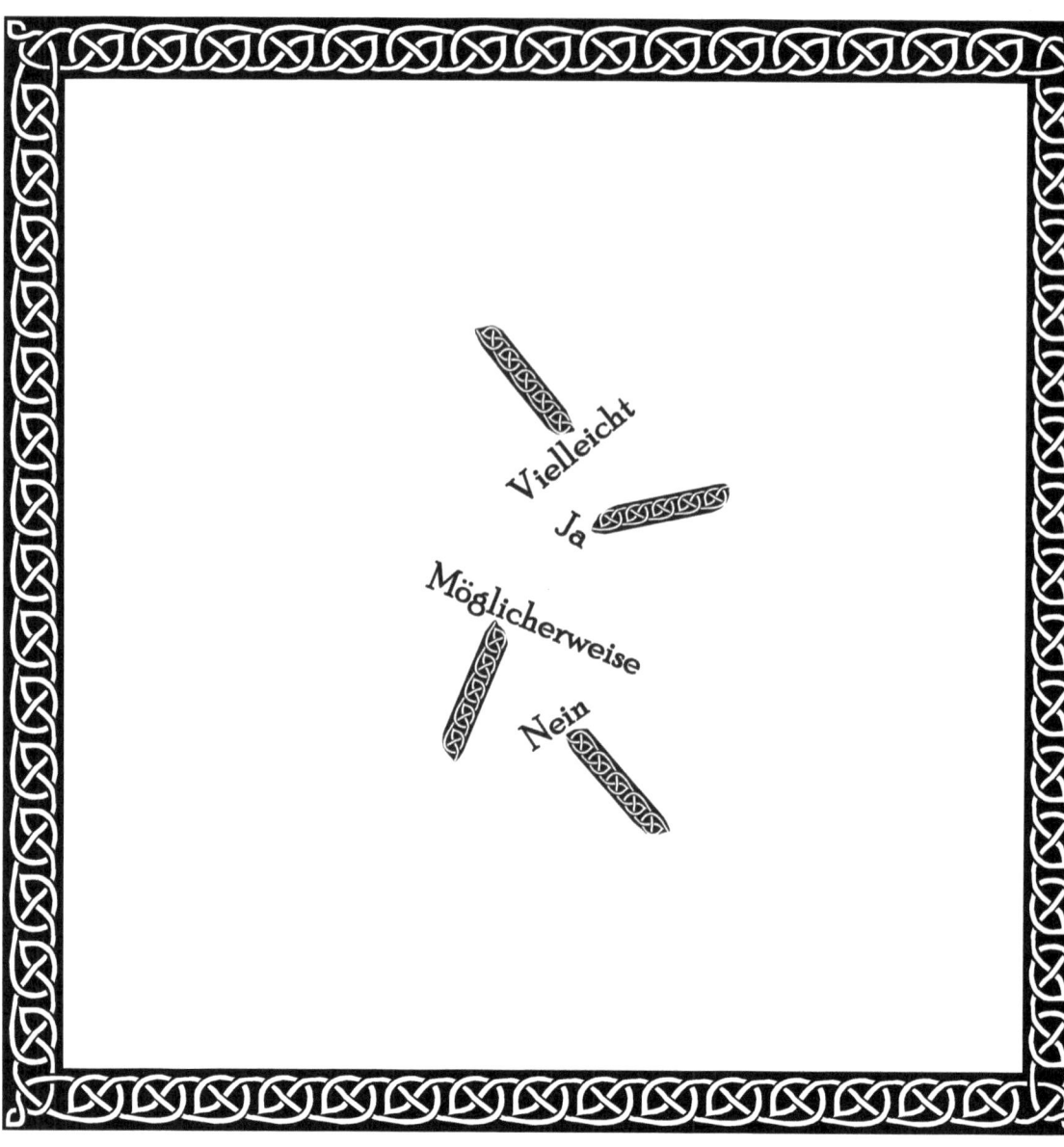

Du wirst begeistert sein

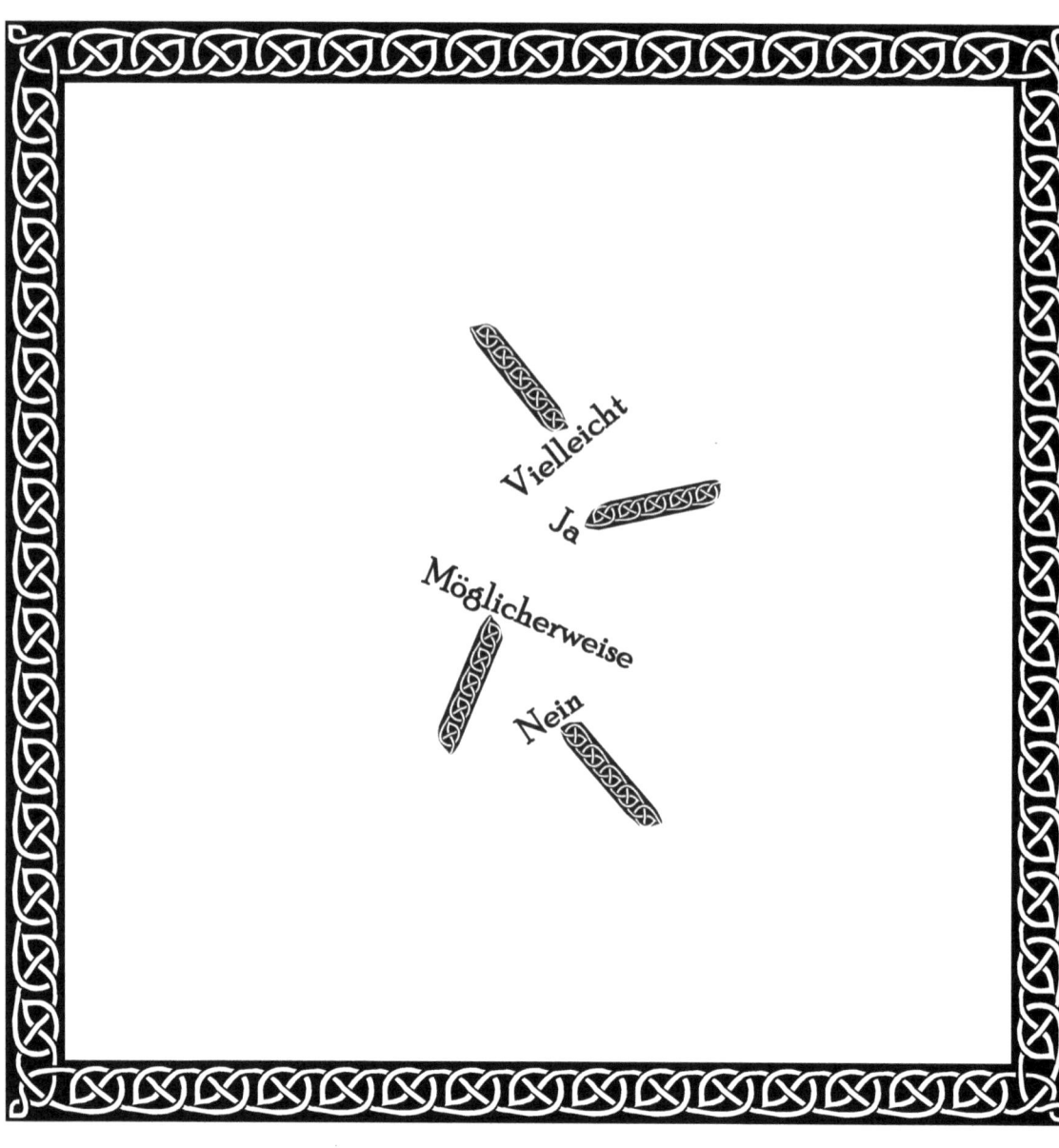

Du siehst den Wald vor
lauter Bäumen nicht

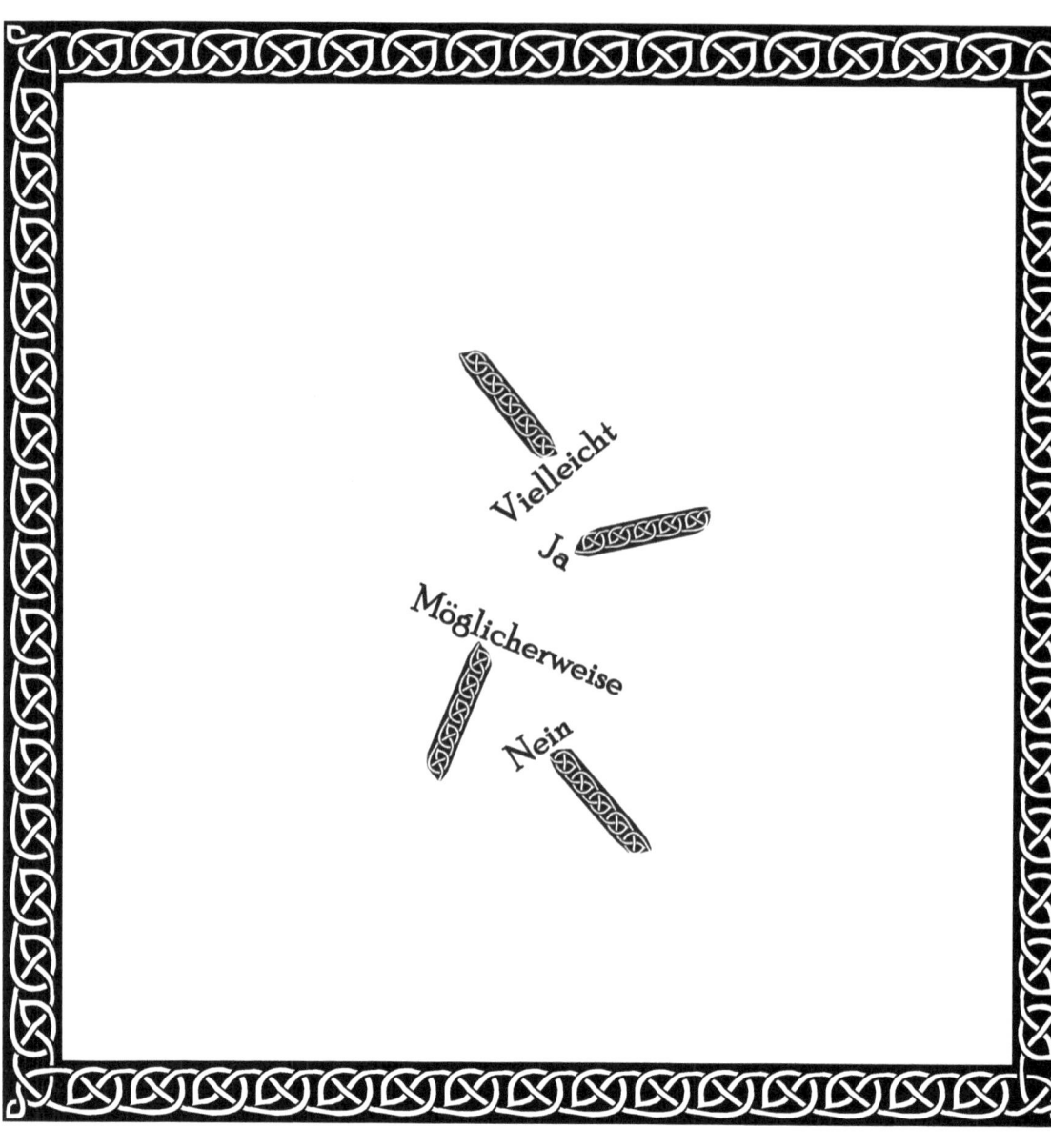

Sei achtsam

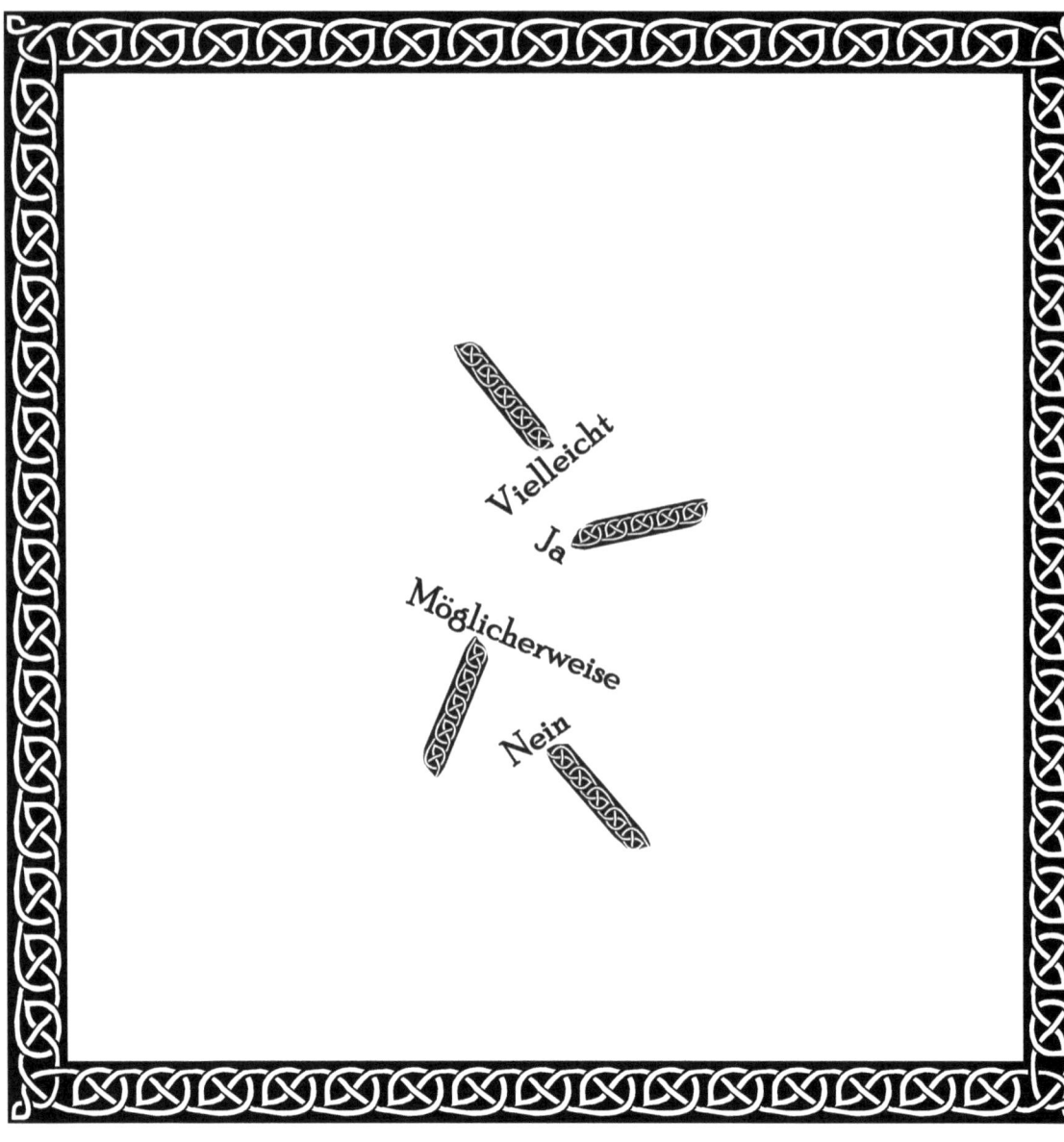

Lies ein Buch dazu

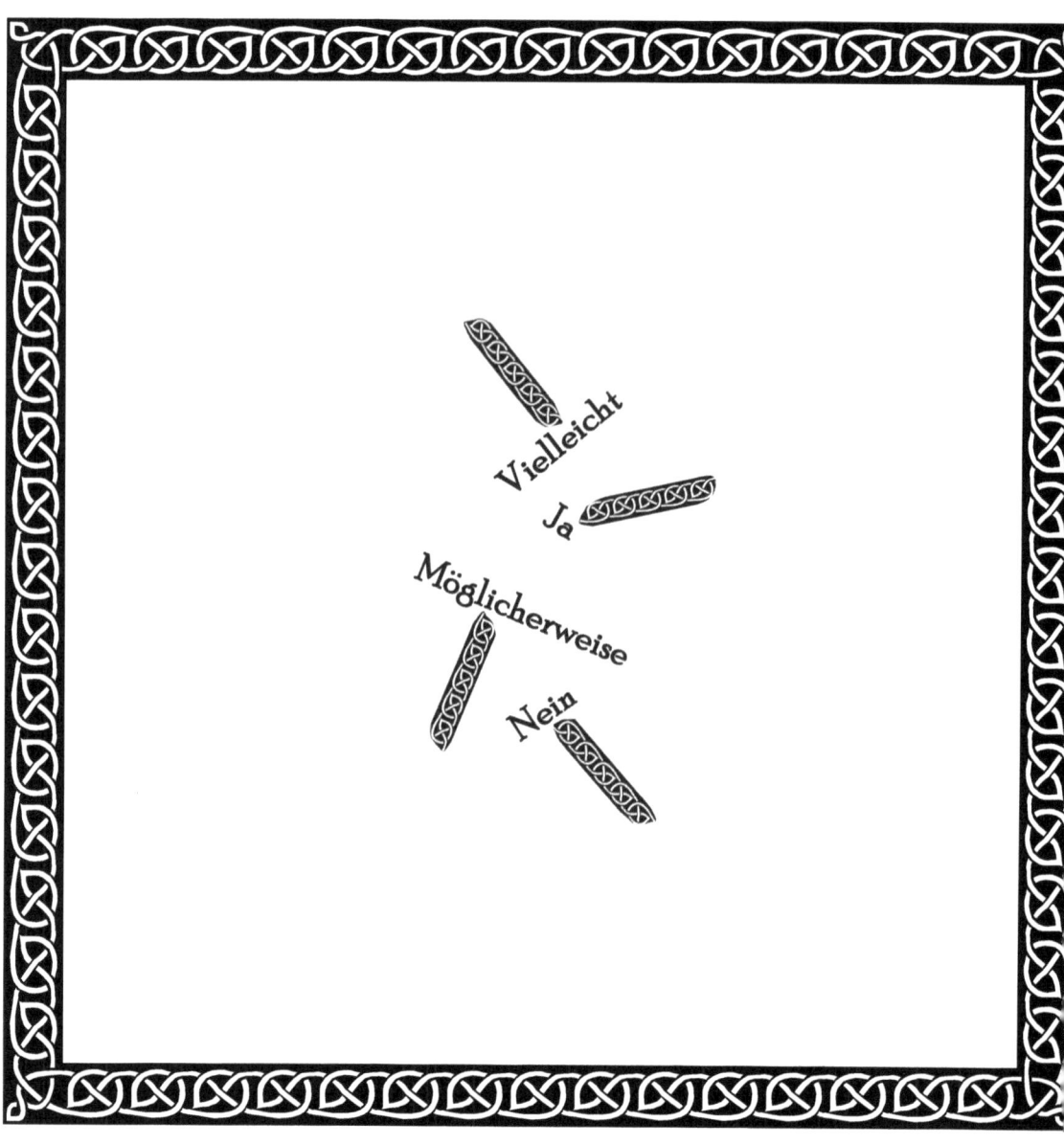

Erläutere dein Anliegen
genauer und frage erneut

Ist definitiv vorstellbar

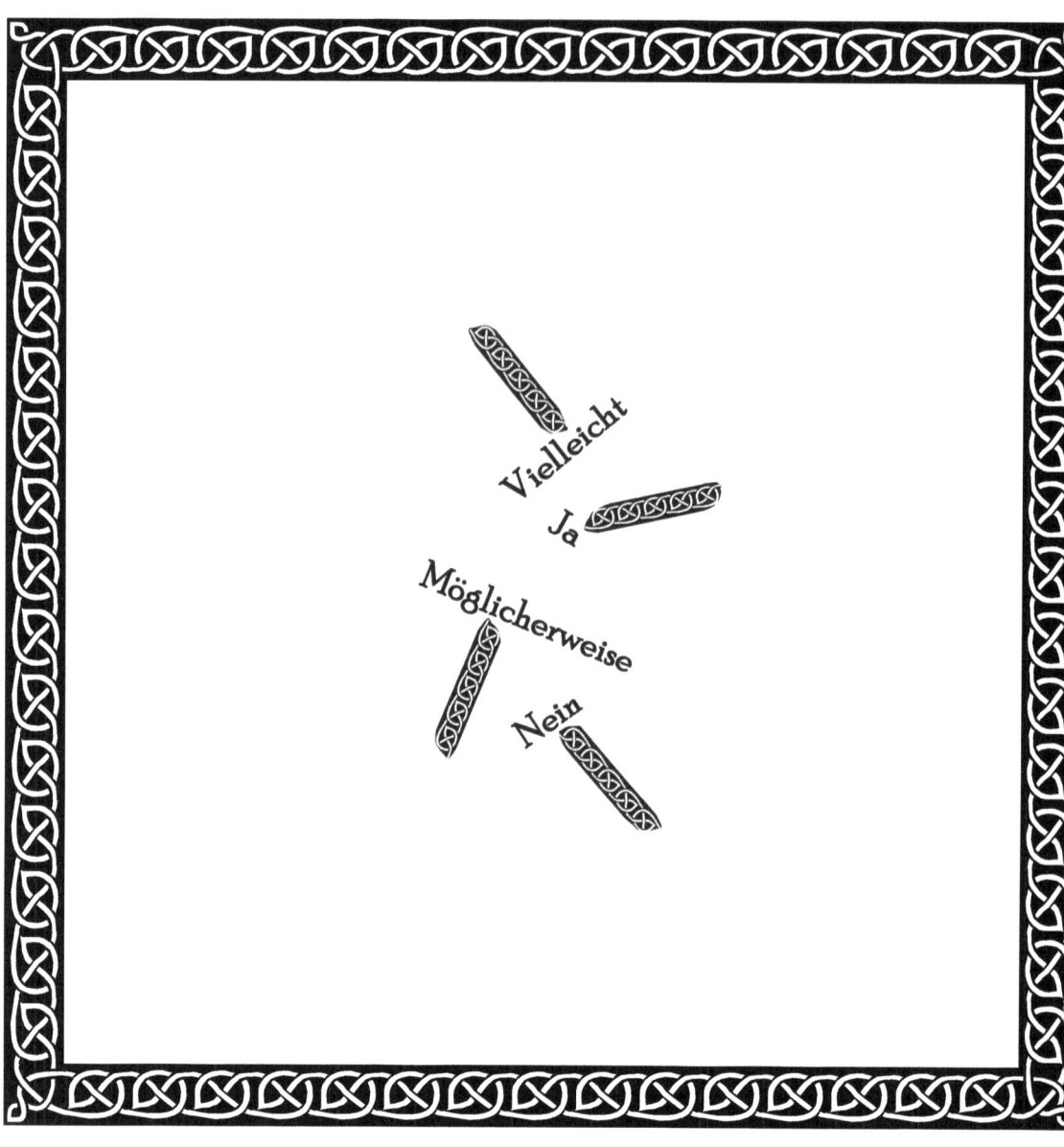

Was hindert
dich daran

Wenn die Zeit gekommen ist

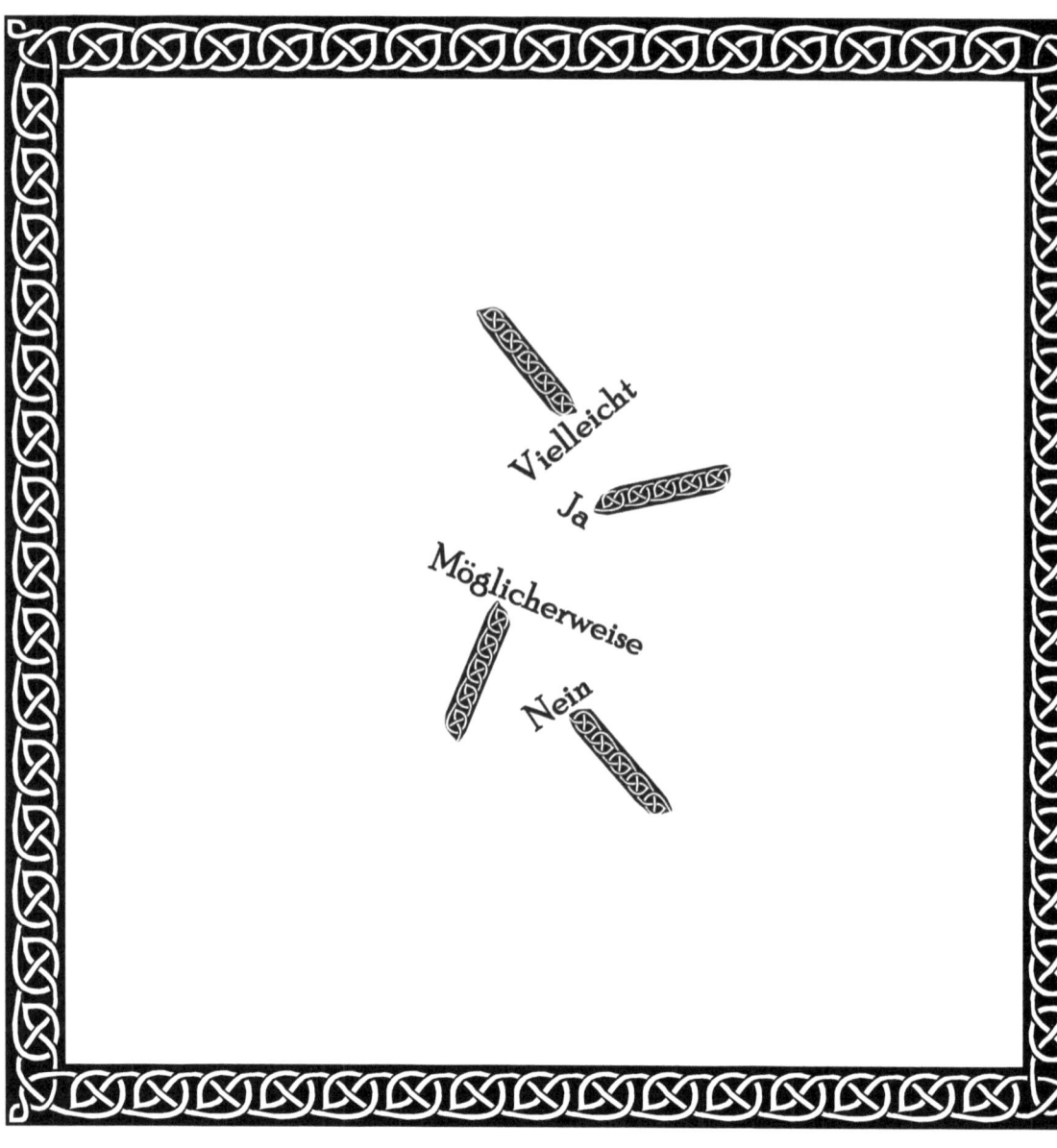

Alles hat seinen Sinn

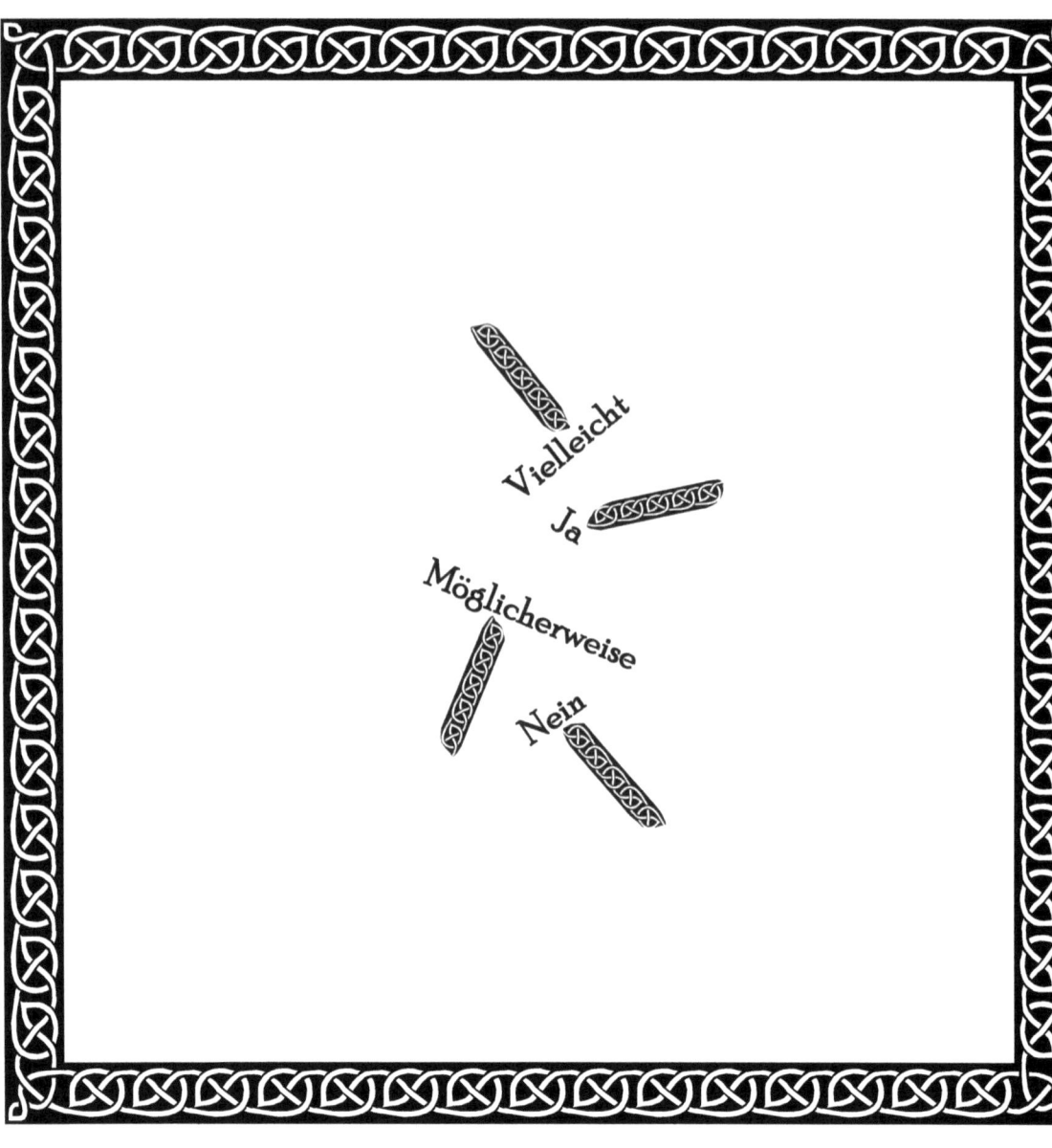

Später

Es gibt mehrere Möglichkeiten

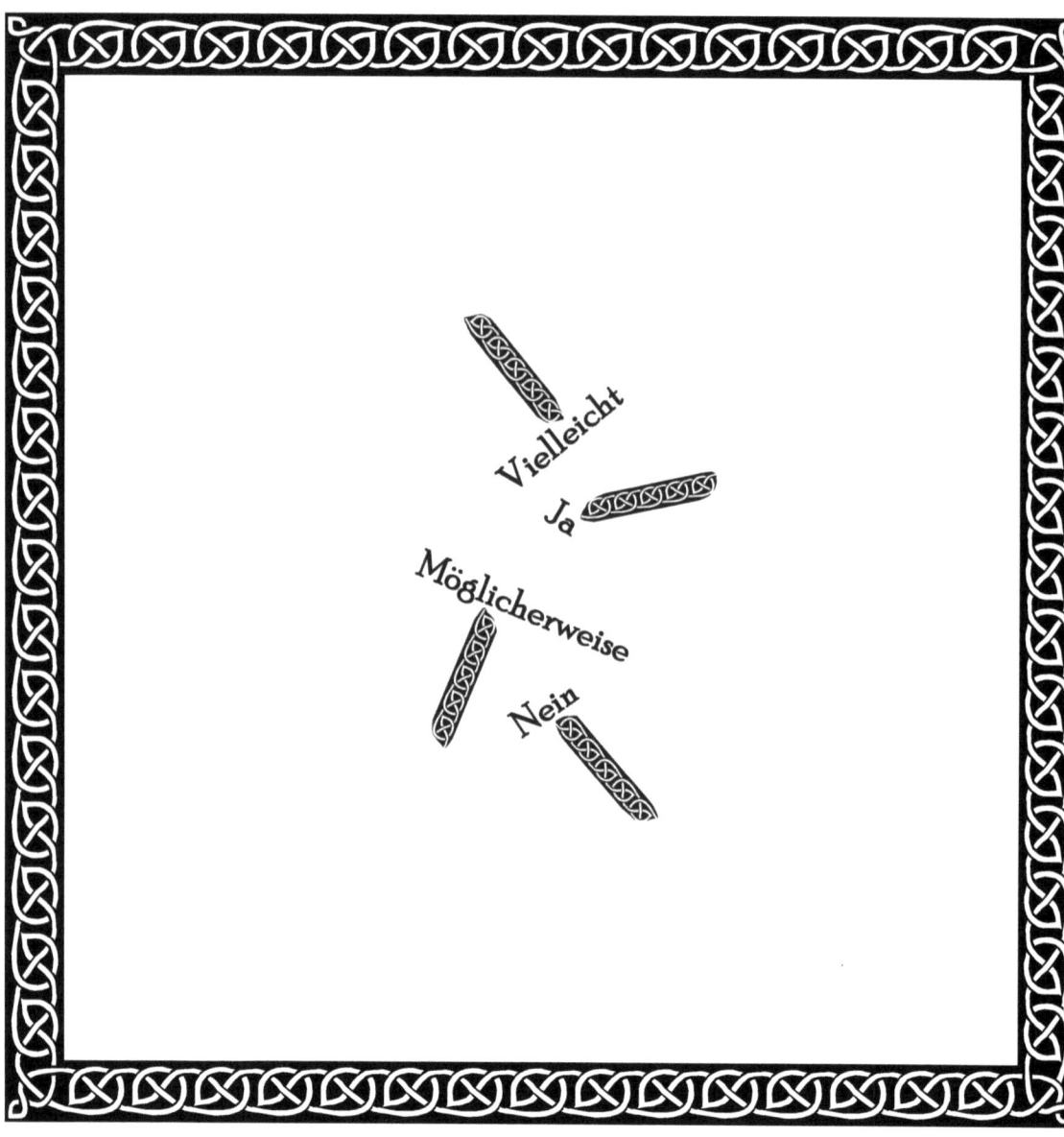

Du solltest die Situation aus einem anderen Blickwinkel begutachten

Nichts geschieht
ohne Grund

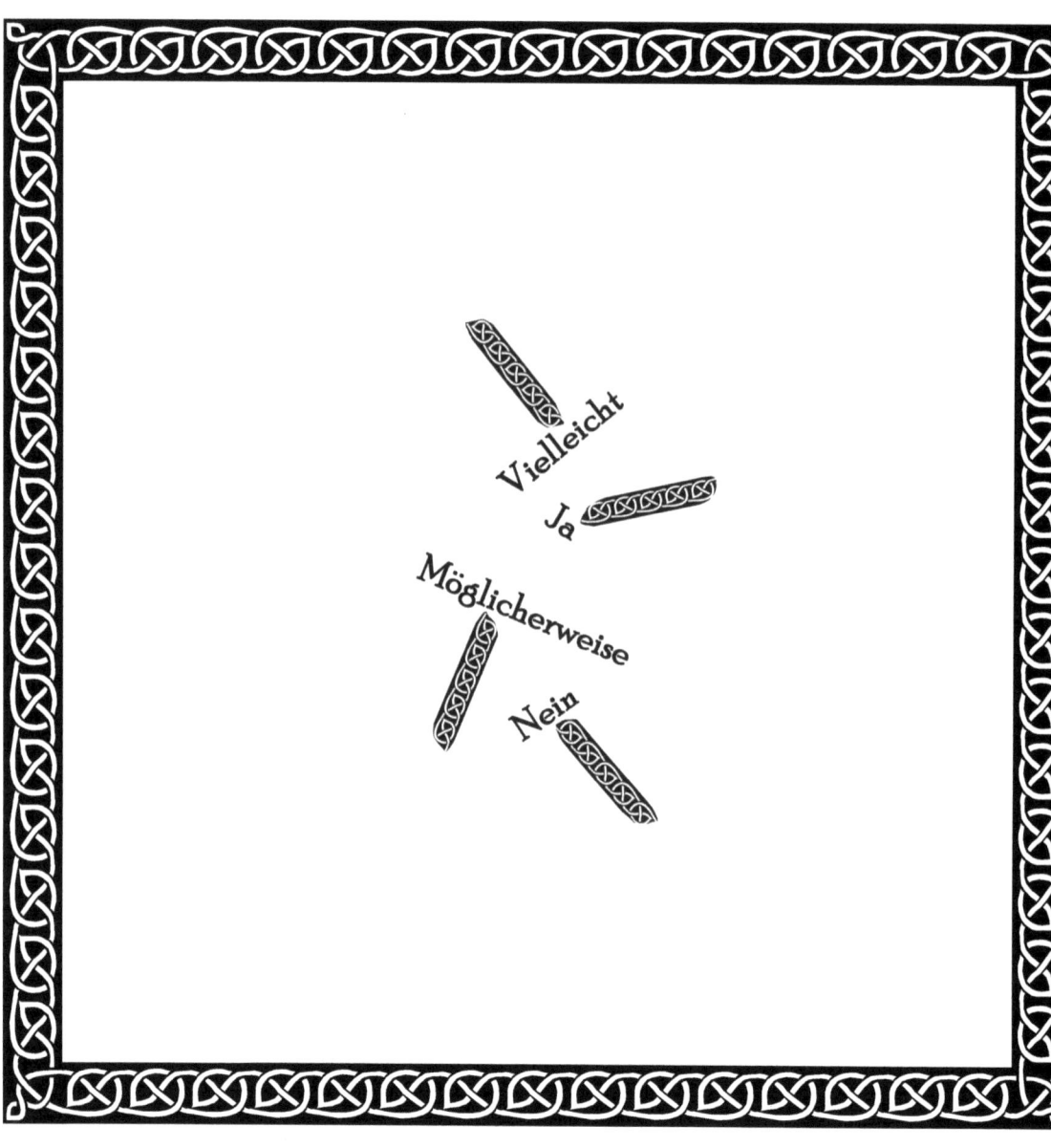

Hole dir Anregungen in deinem Umfeld

Zögere nicht

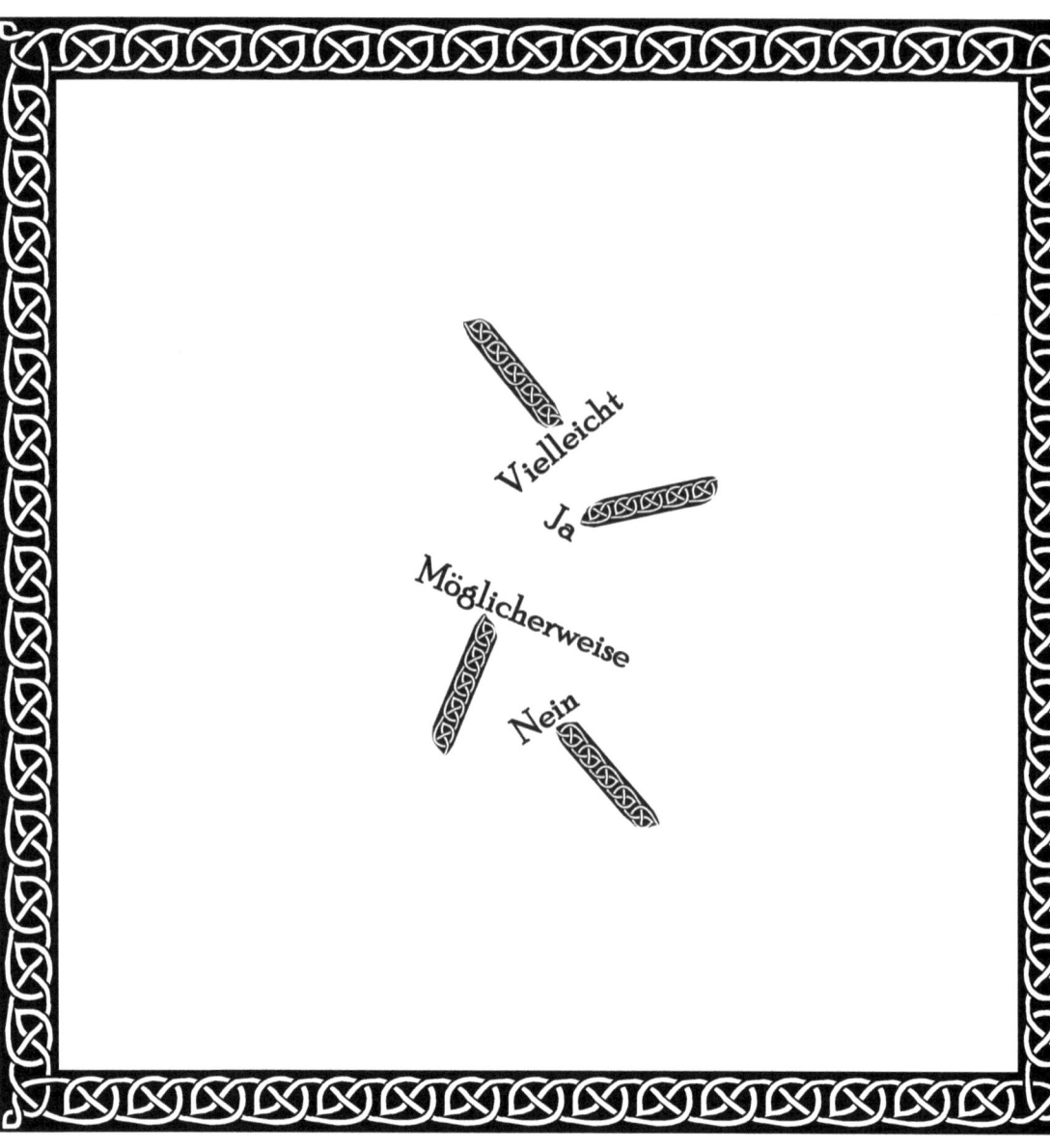

Wichtig ist weniger
was passiert sondern
wie du darauf reagierst

Welche Möglichkeit sagt
dir am meisten zu und
warum

–

hinterfrage die Gründe
und du wirst den Weg
finden

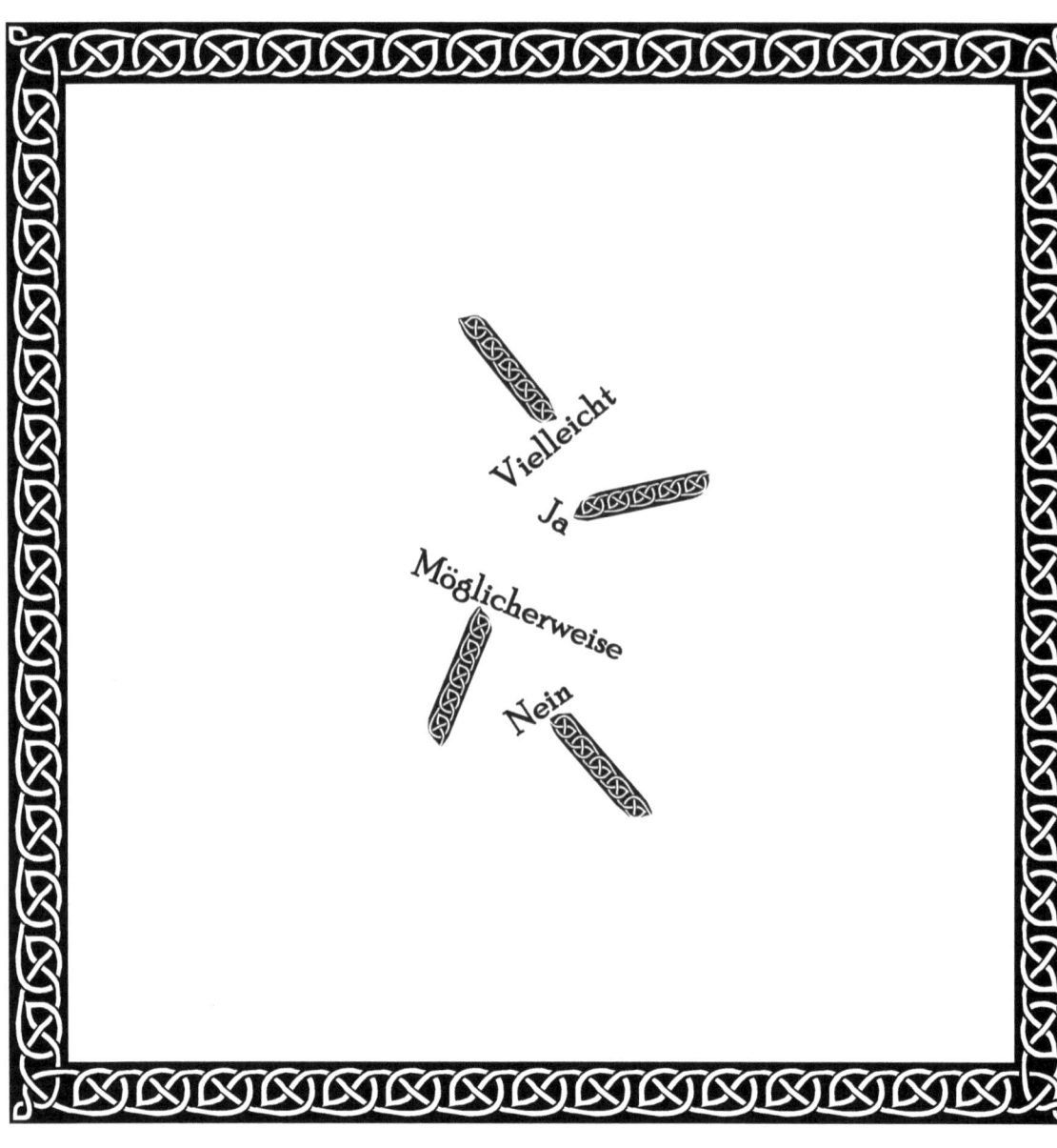

Es wird phantastisch

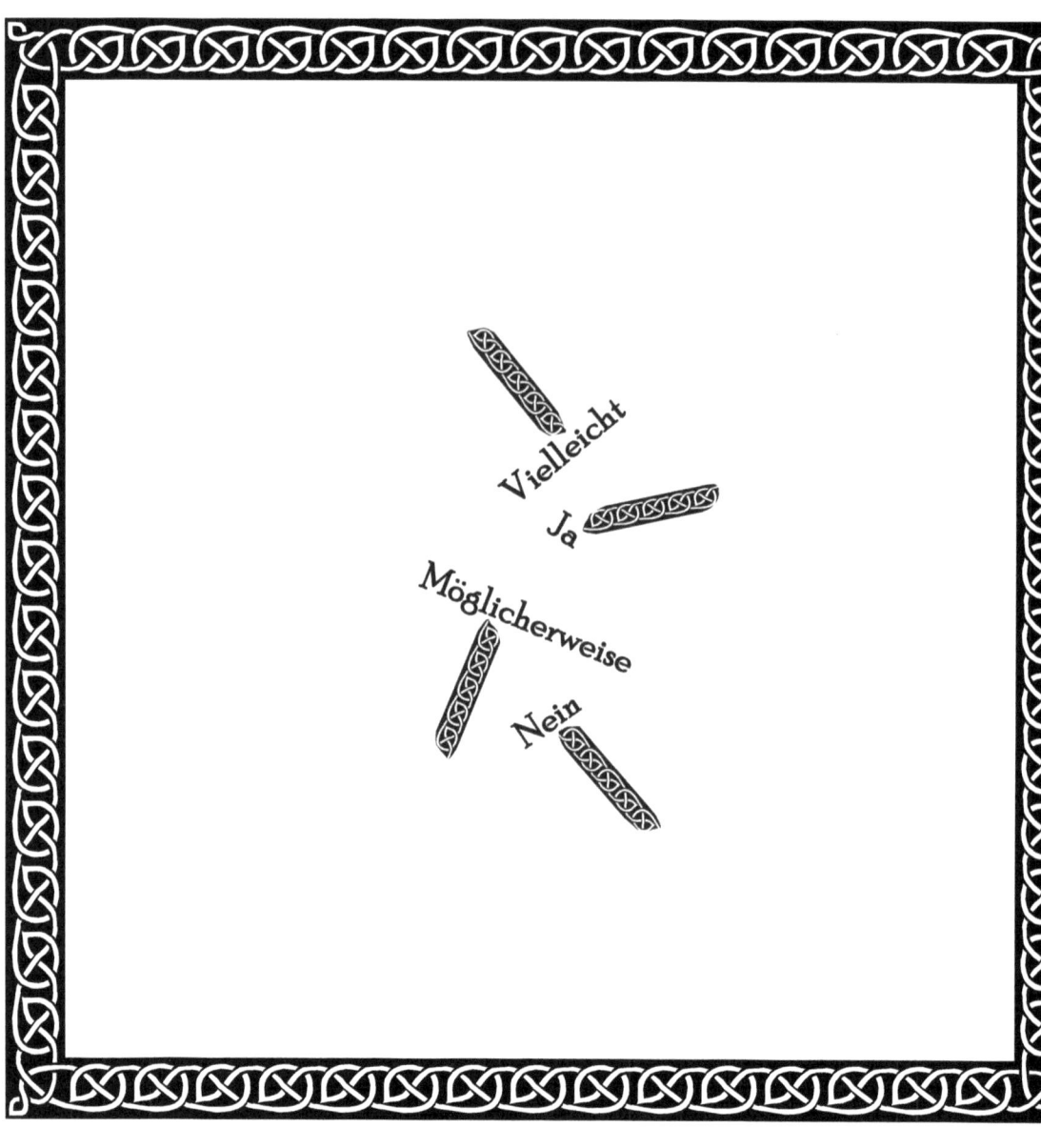

Bleibe auf jeden Fall höflich

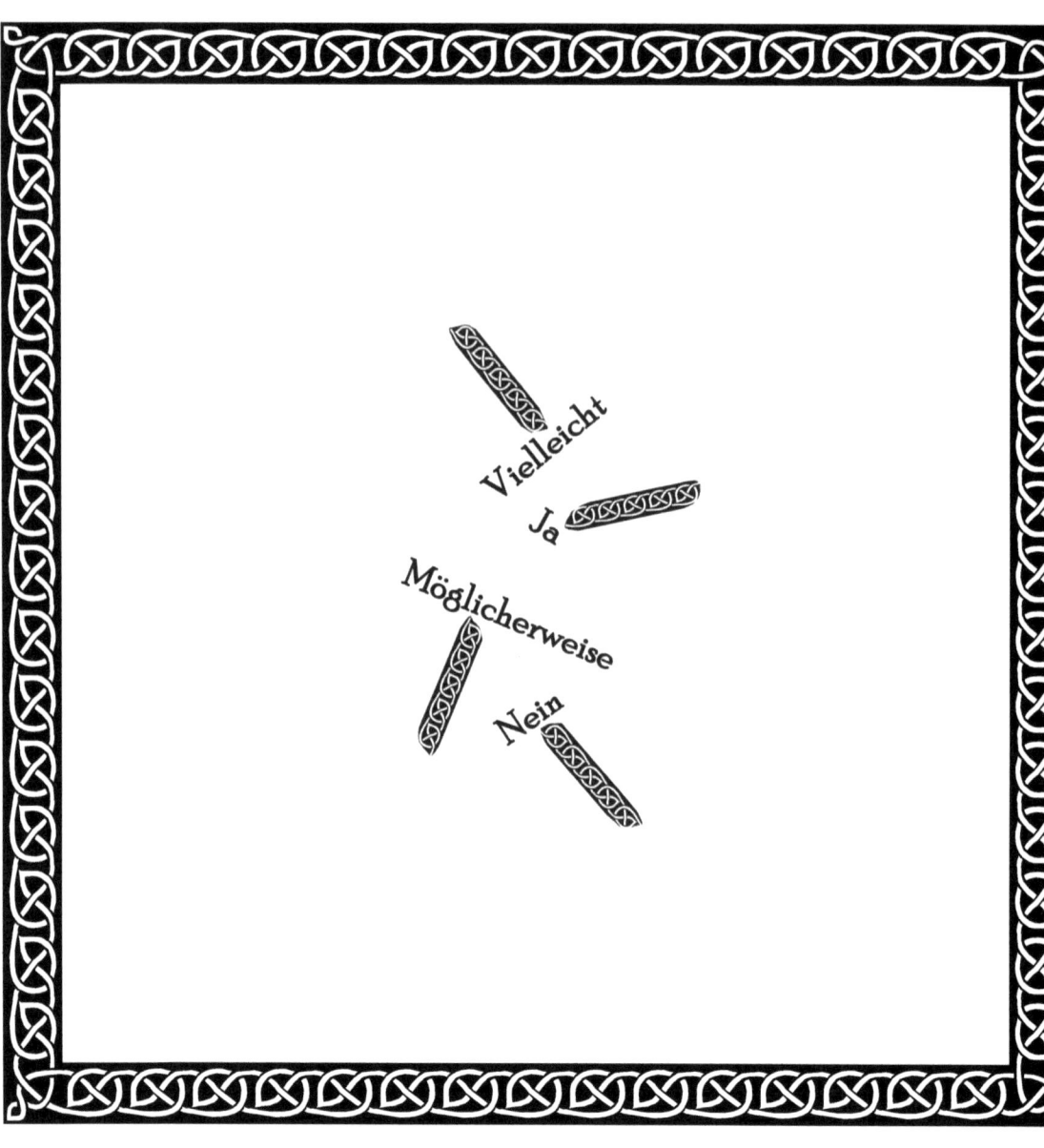

Liebe verbindet alles

–

egal ob zu einem Tier,
einem Freund oder
deiner Familie

In jedem negativen
Erlebnis steckt auch
etwas Positives

~

Finde es

Vertraue
deiner Intuition

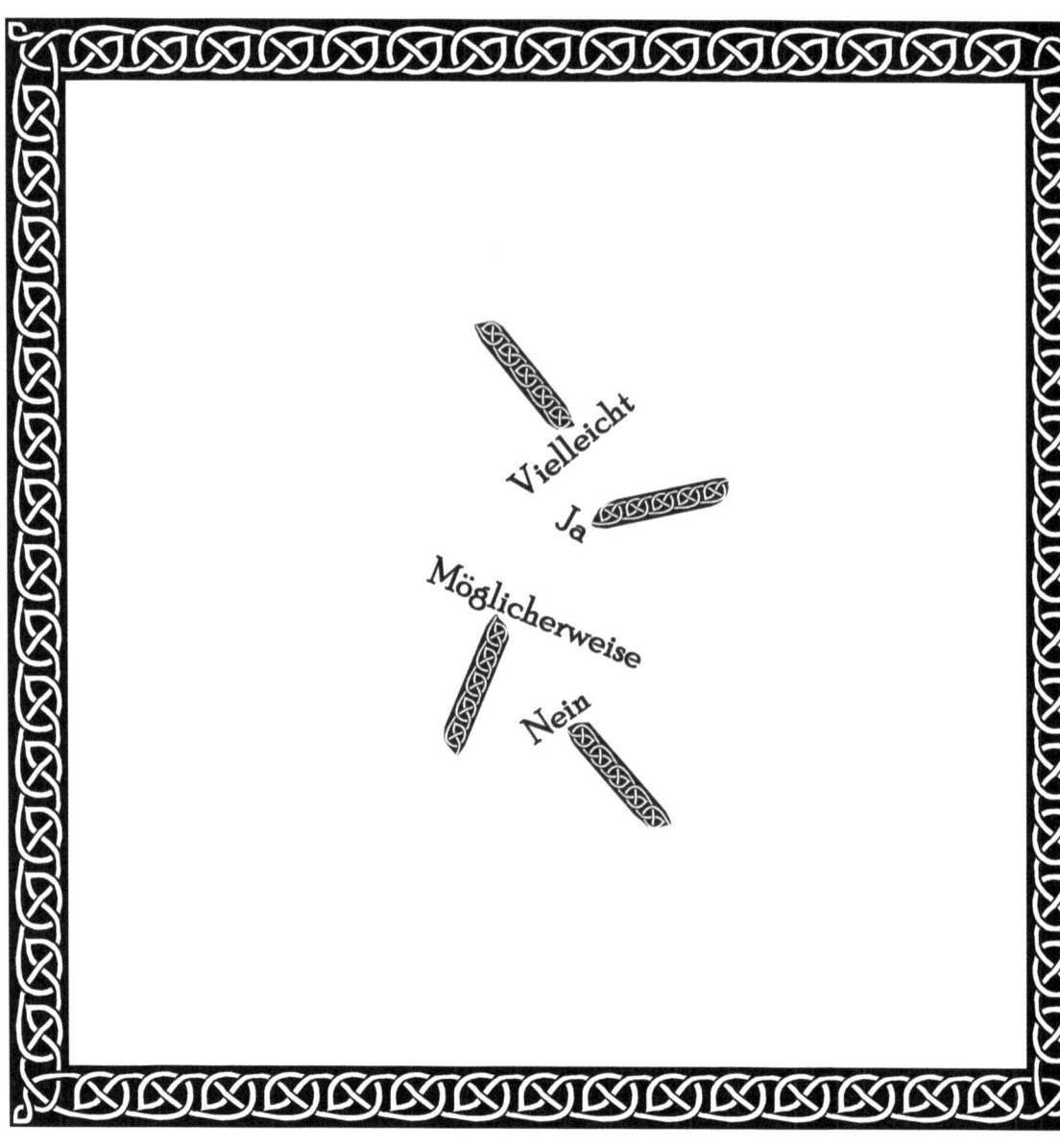

Welche der Lösungen bringt den langfristigen Erfolg

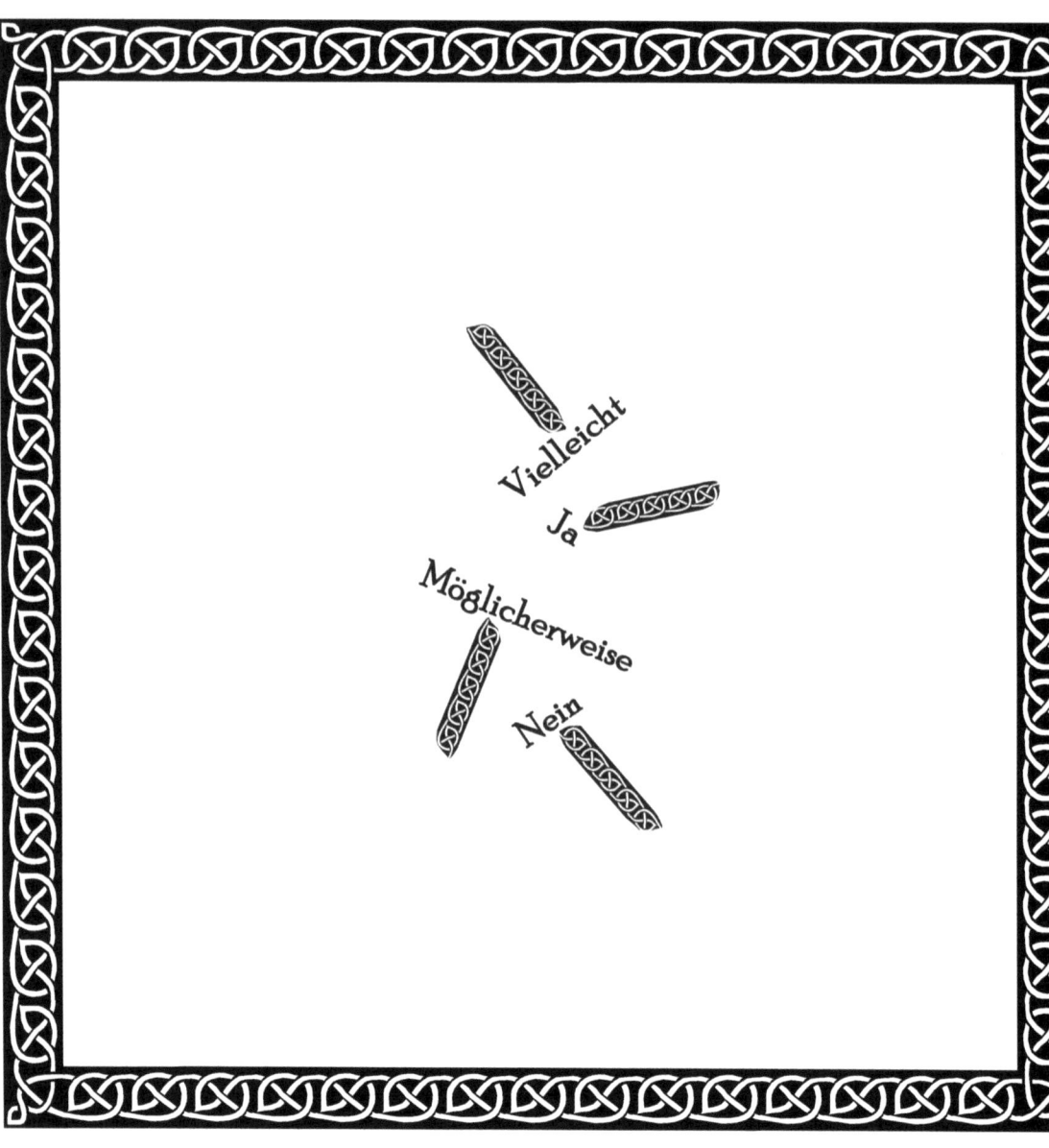

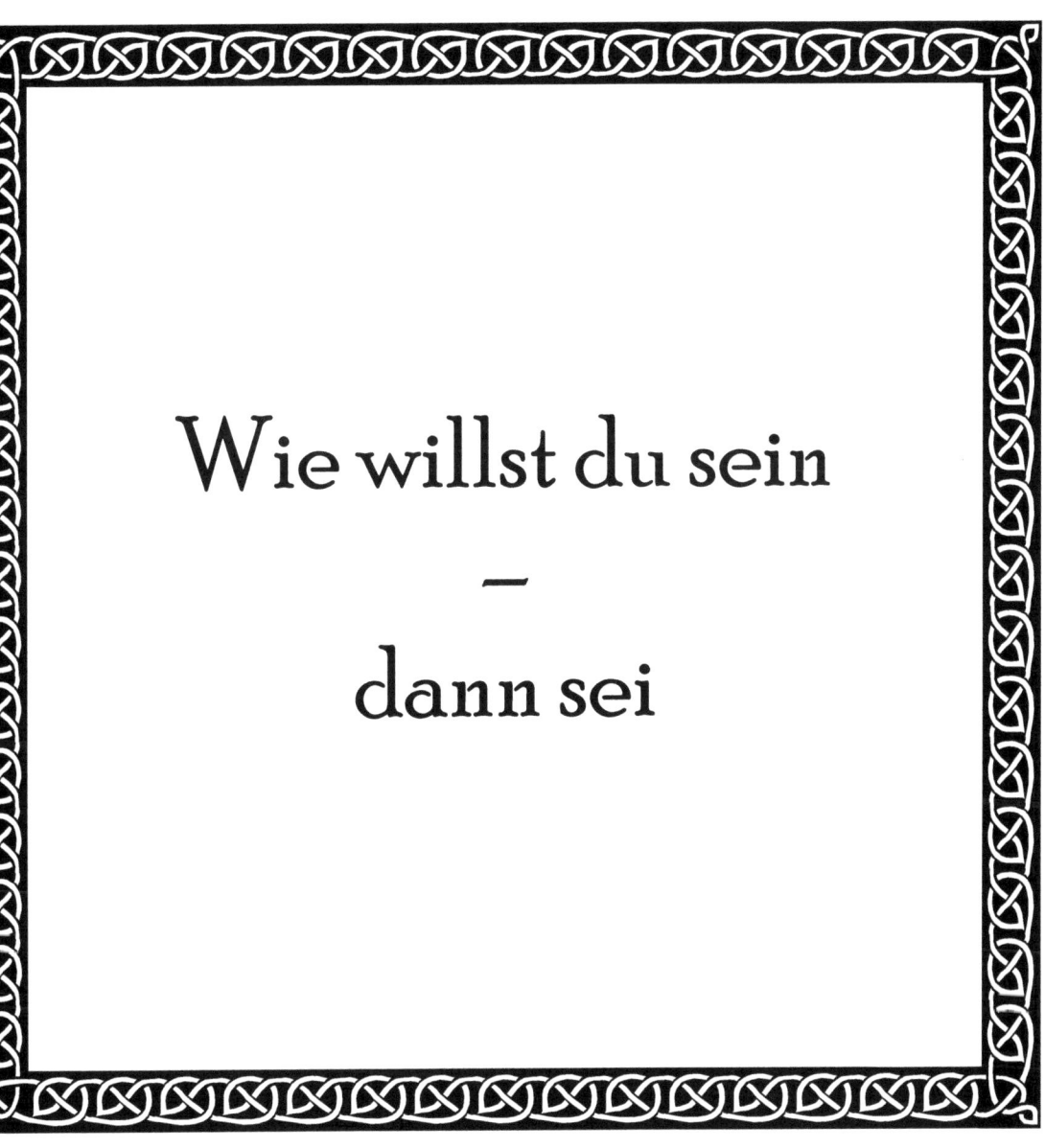

Wie willst du sein

–

dann sei

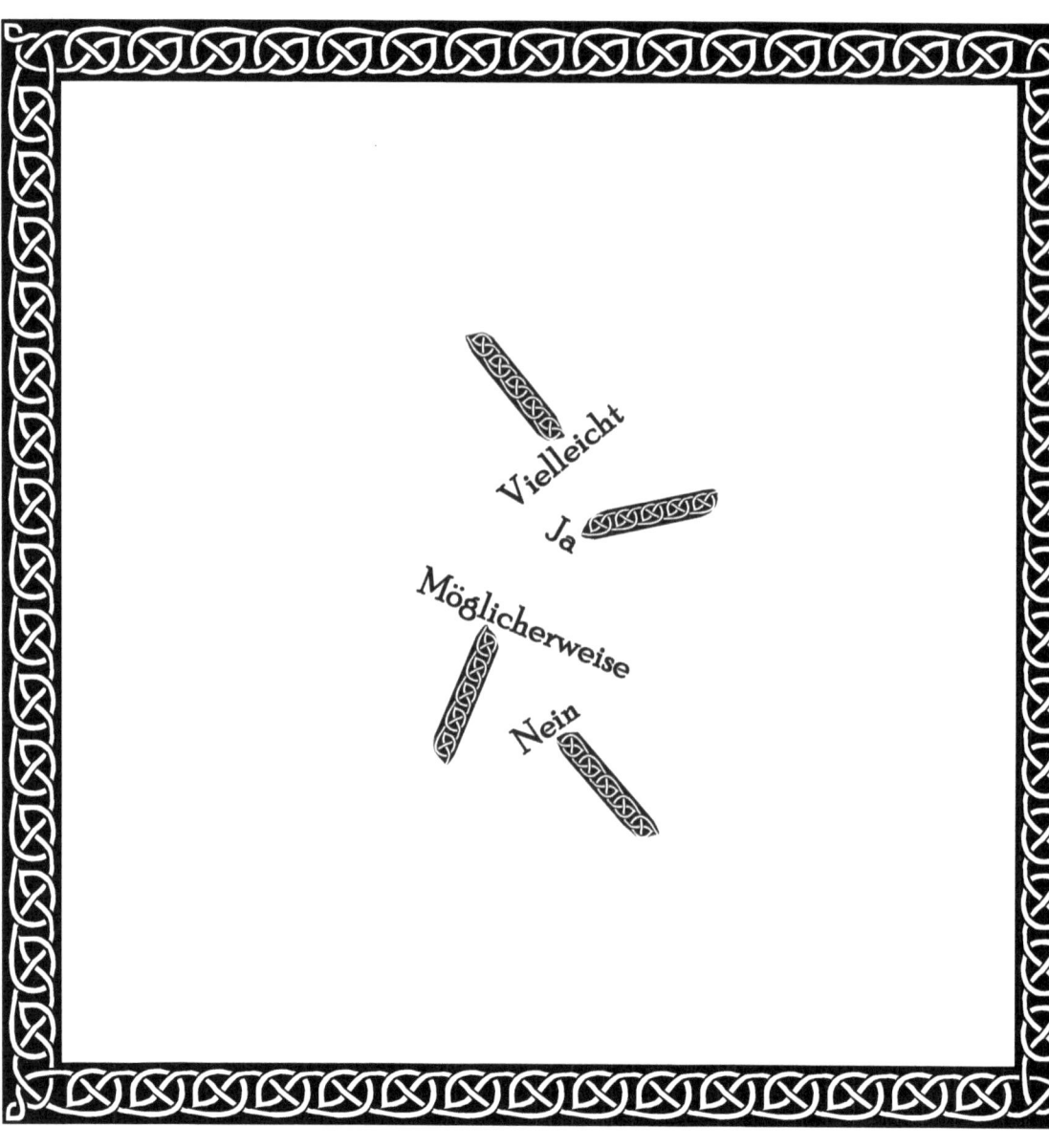

Niemals aufgeben

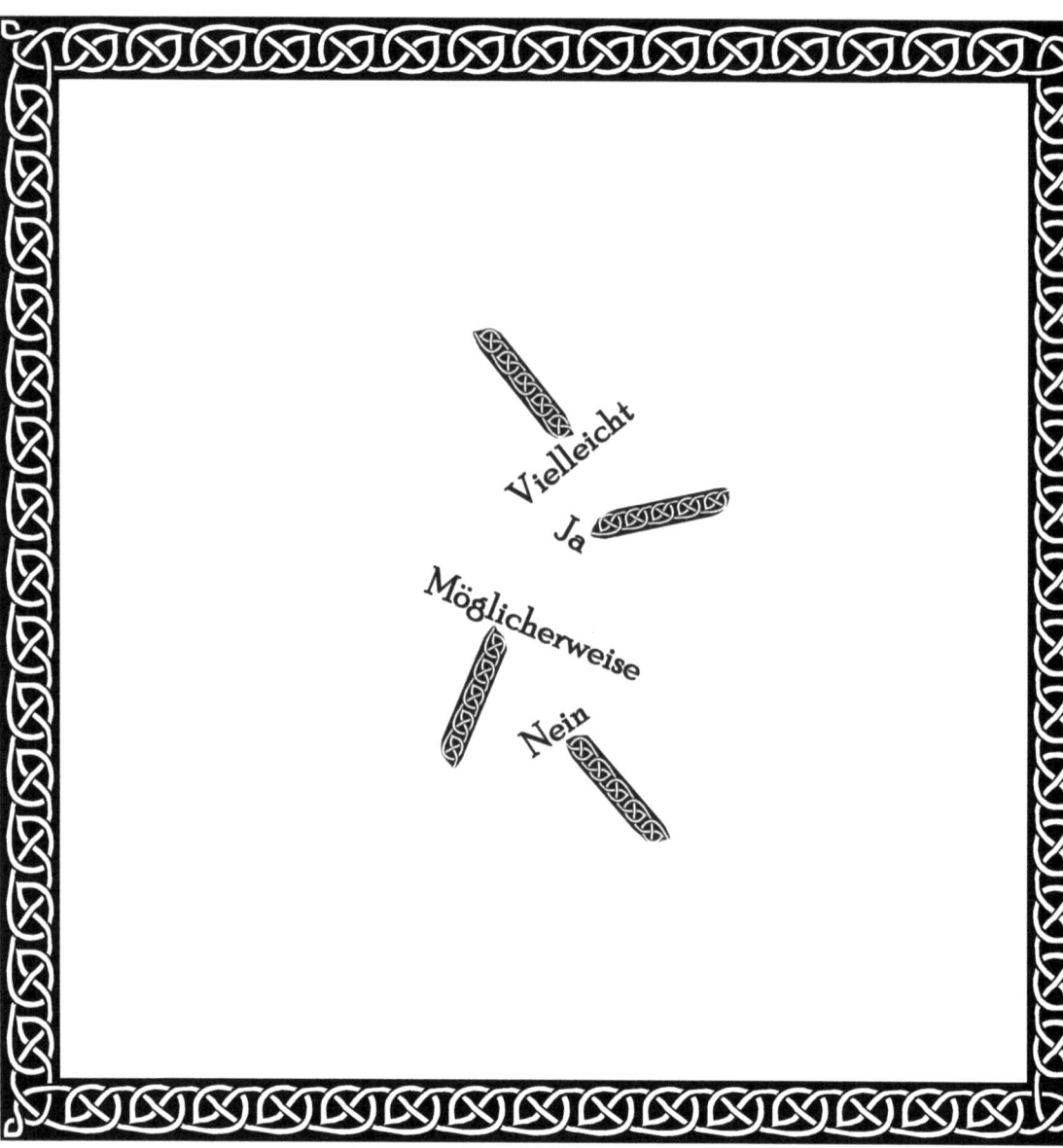

Ja

Stelle es dir bildlich vor
und fühle es

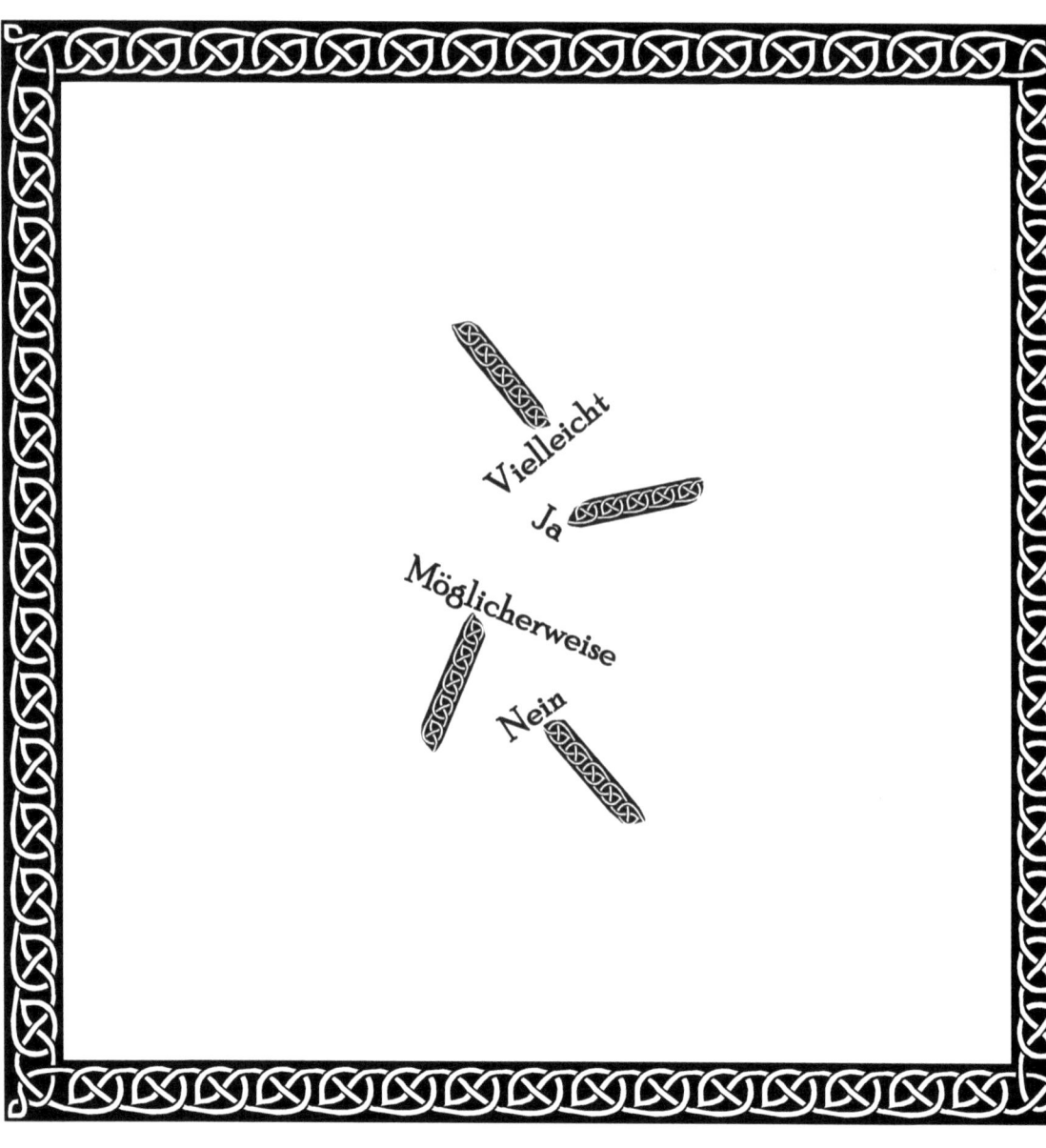

Erstelle eine
Pro & Contra Liste

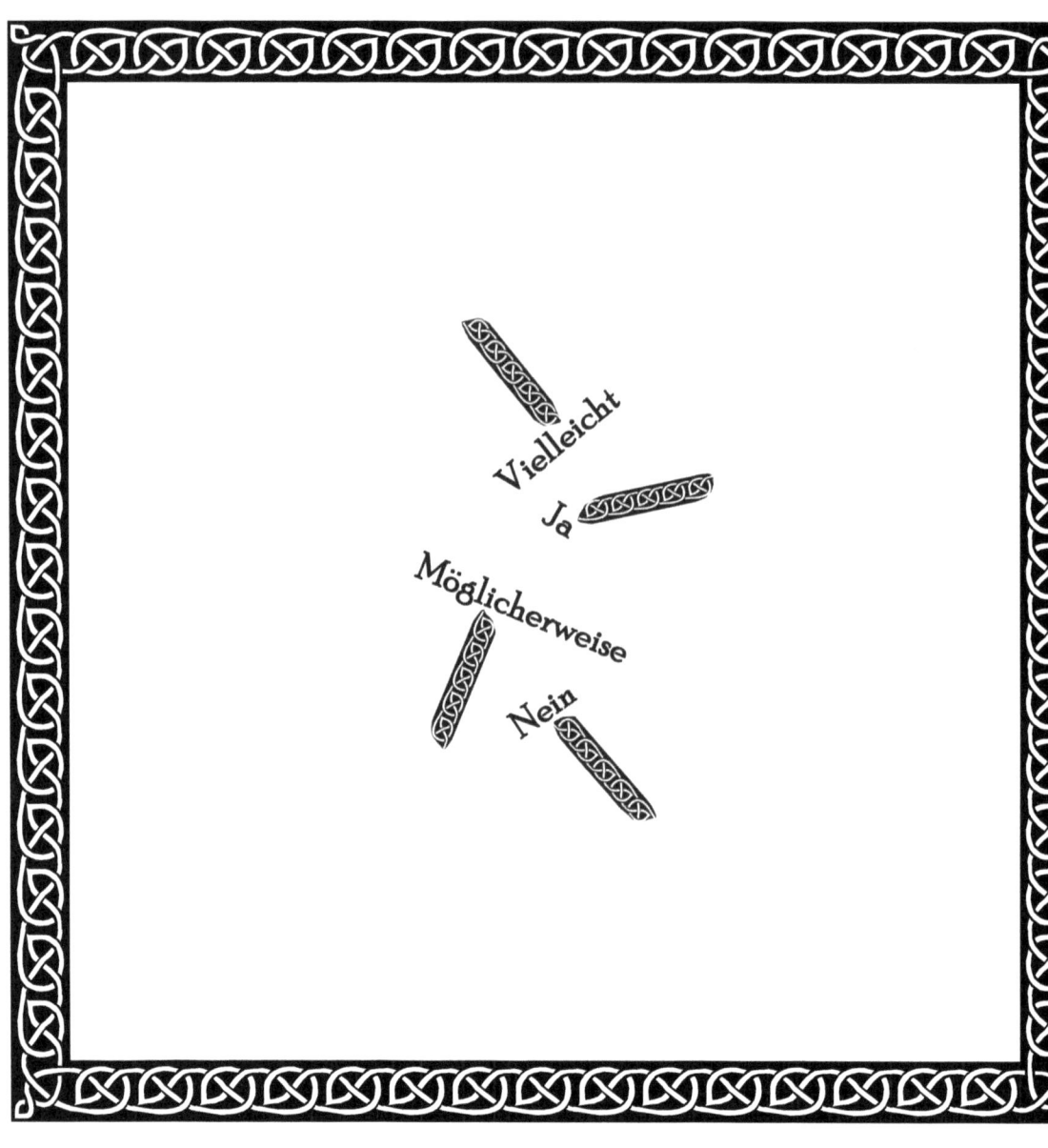

Jede Sekunde voller Wut
ist eine verschenkte
Sekunde

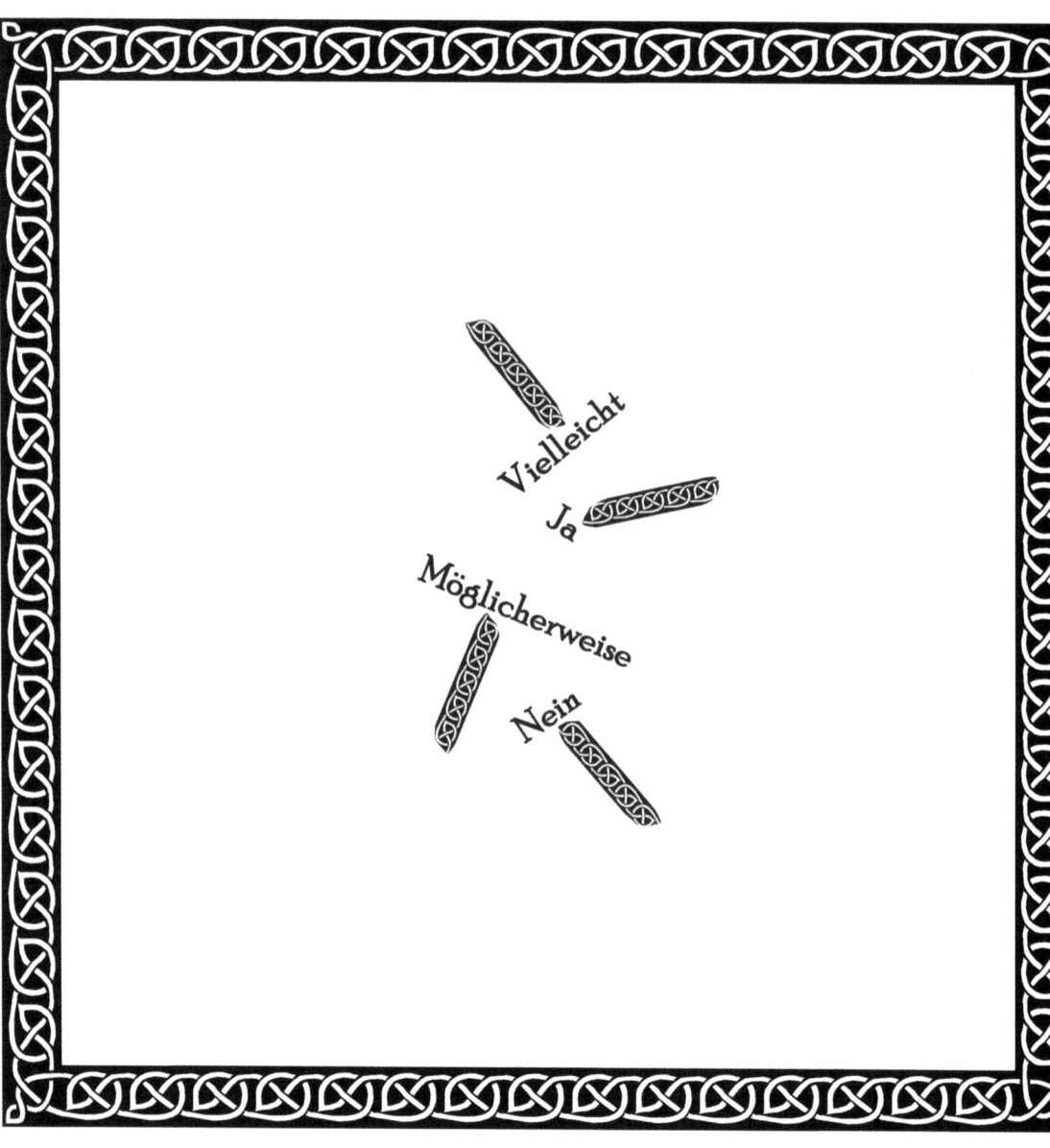

Trau dir was zu

Nein

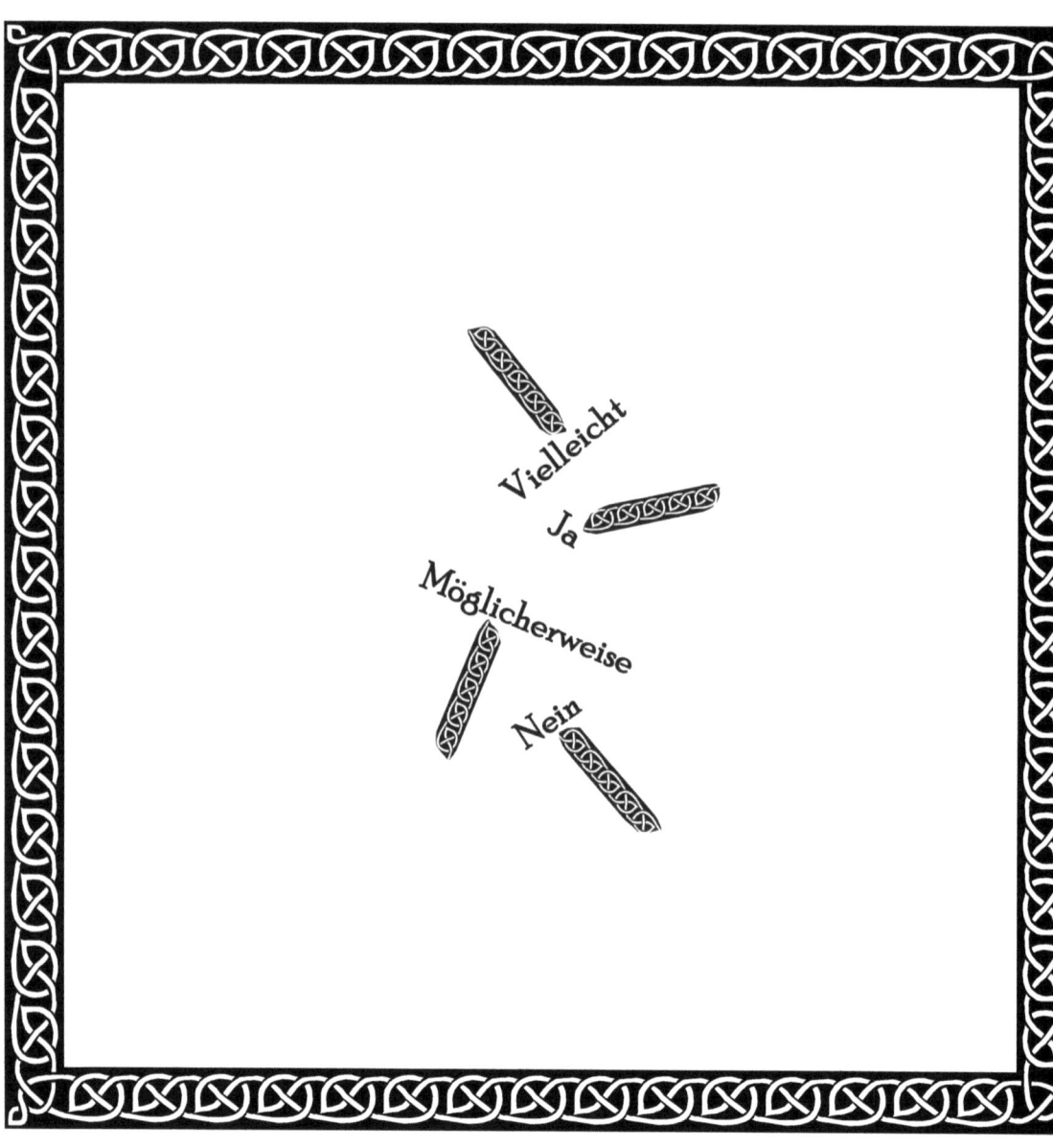

Nutze deine Zeit für
gute Gefühle

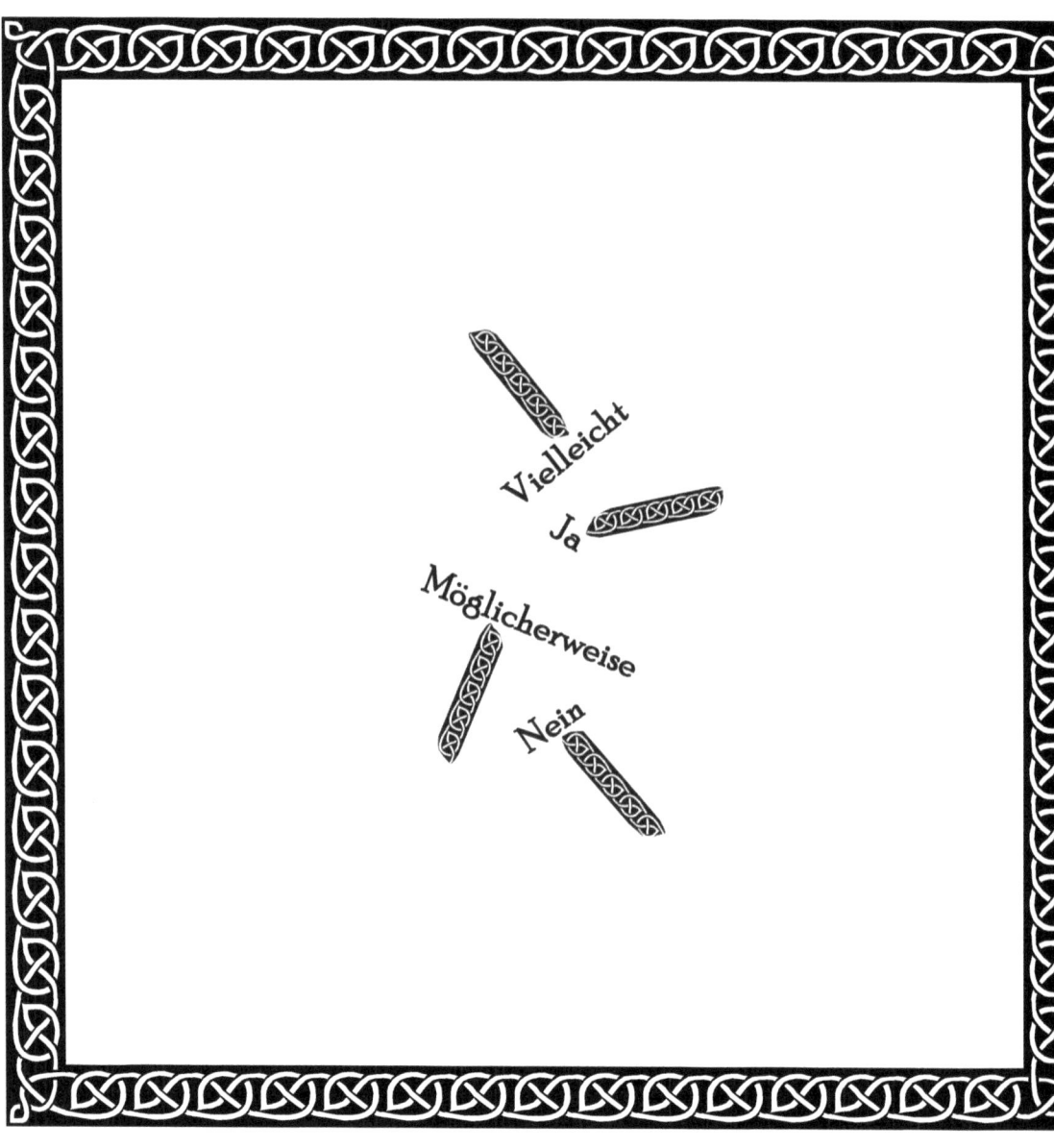

Was macht dir am meisten Spaß

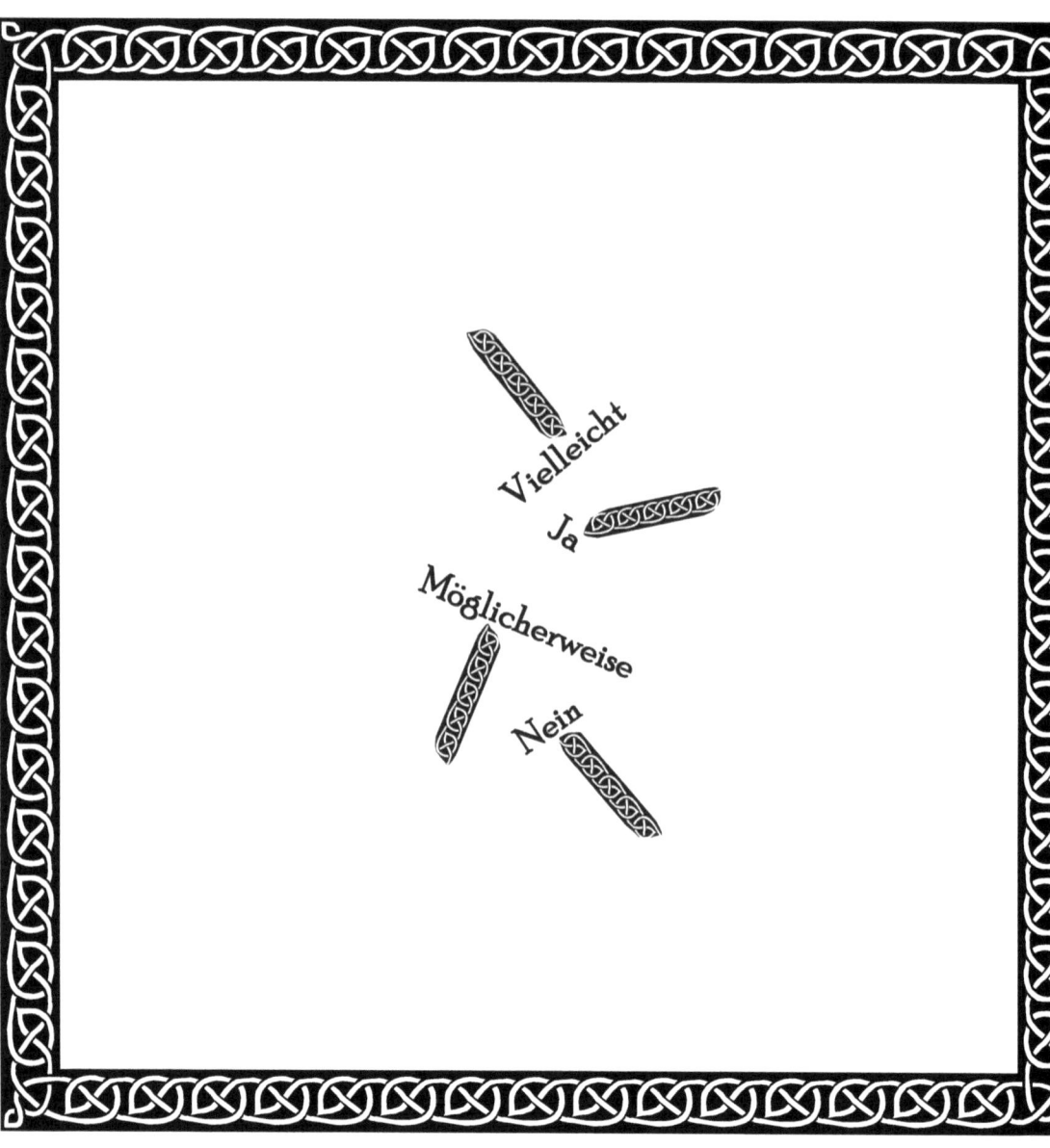

Aktuell nicht empfehlenswert

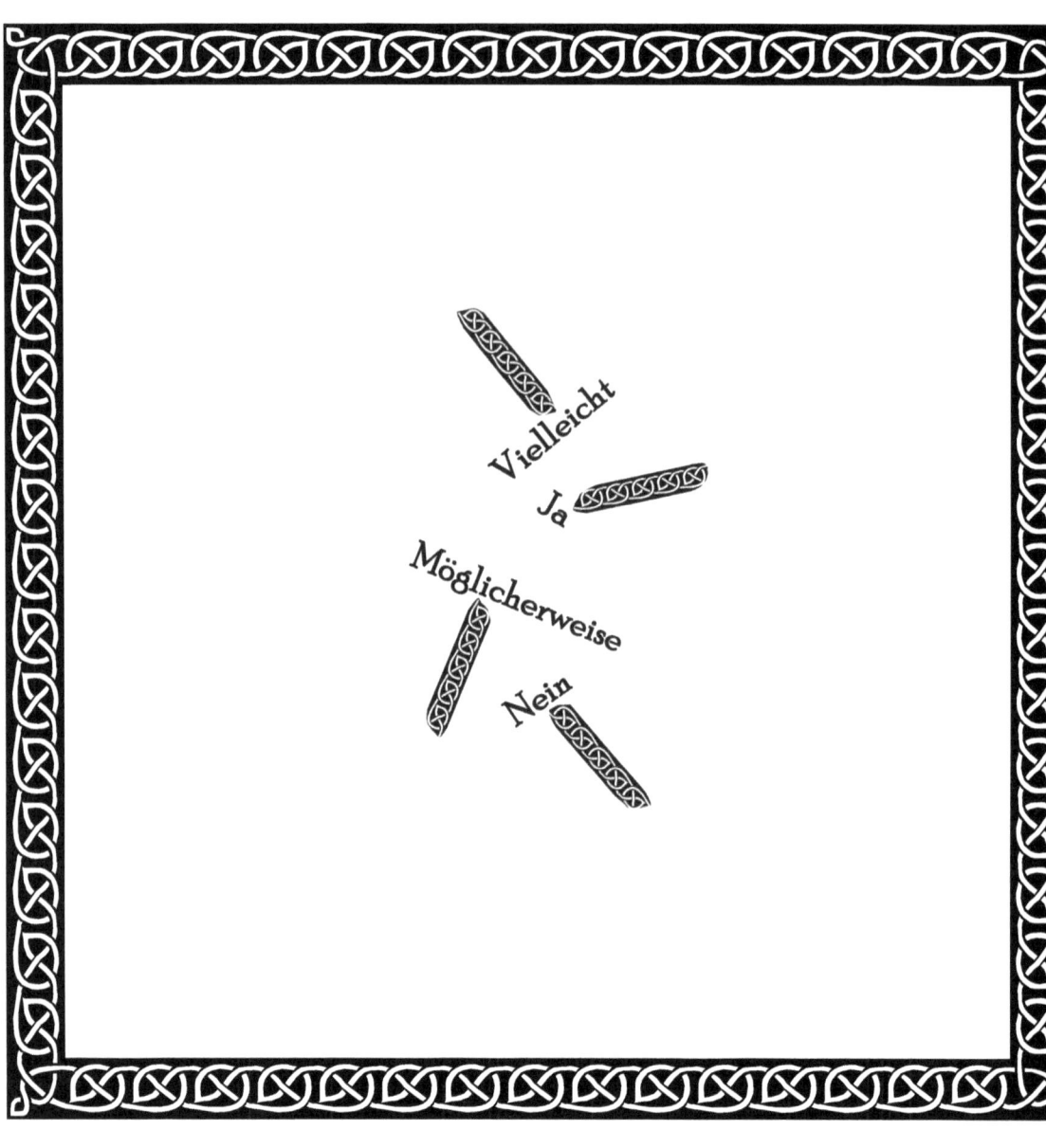

Wenn nicht jetzt,
wann dann

Kein Grund zu bleiben
ist ein Grund zu gehen

Frei dem Motto komm ich heute nicht, komm ich morgen

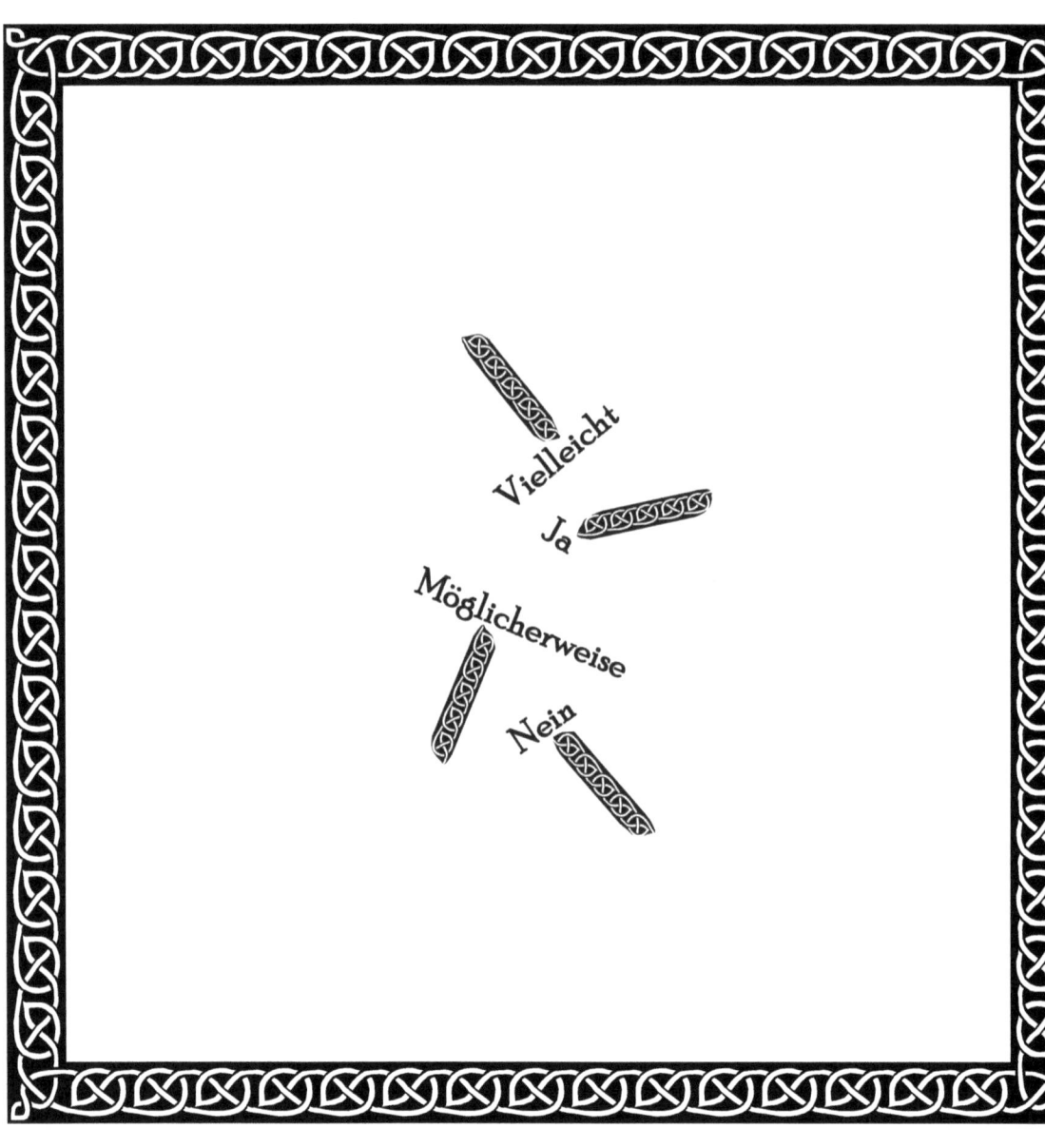

Ein Meinungswechsel ist
nichts Schlimmes

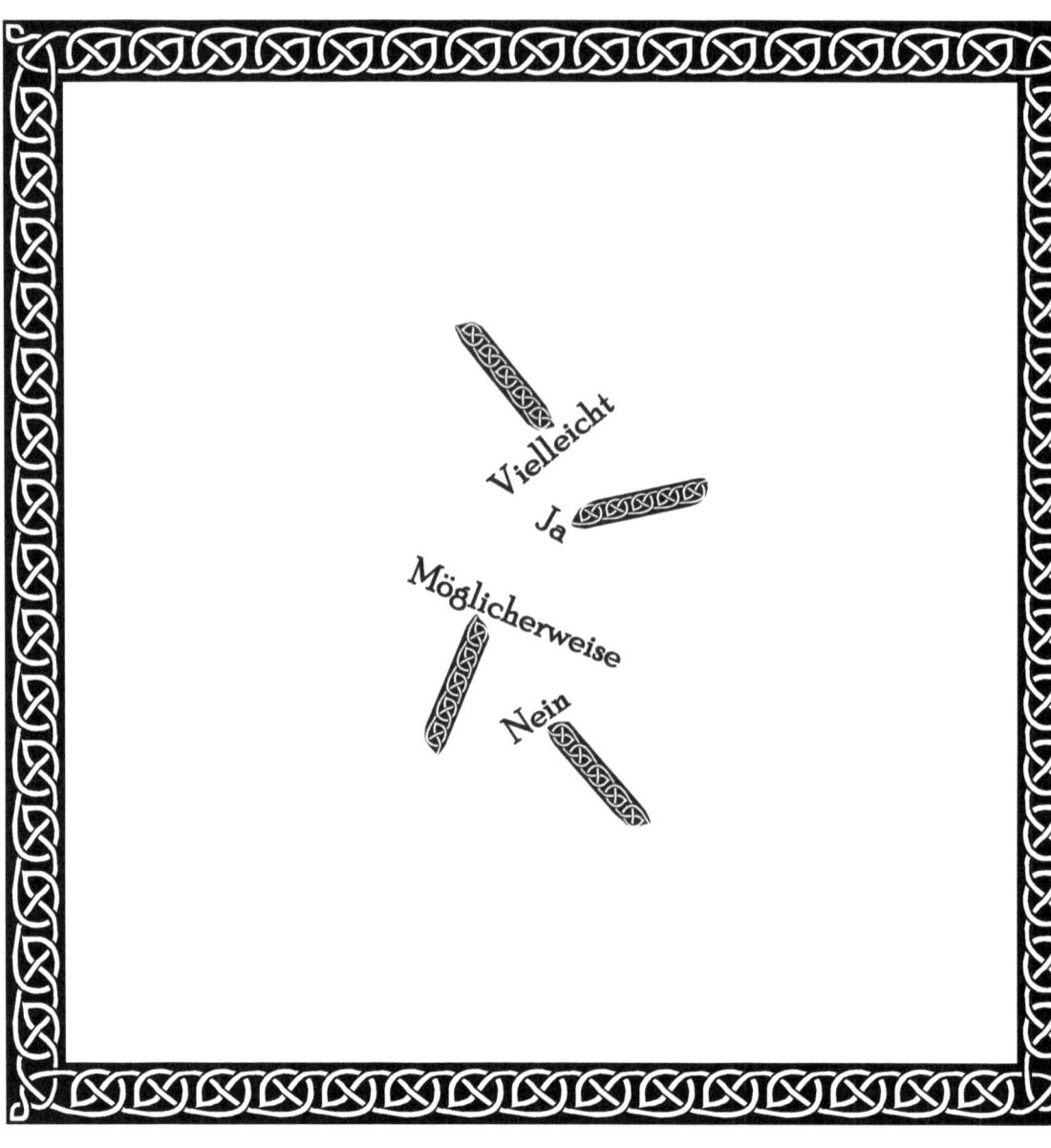

Gehe einen
Kompromiss ein

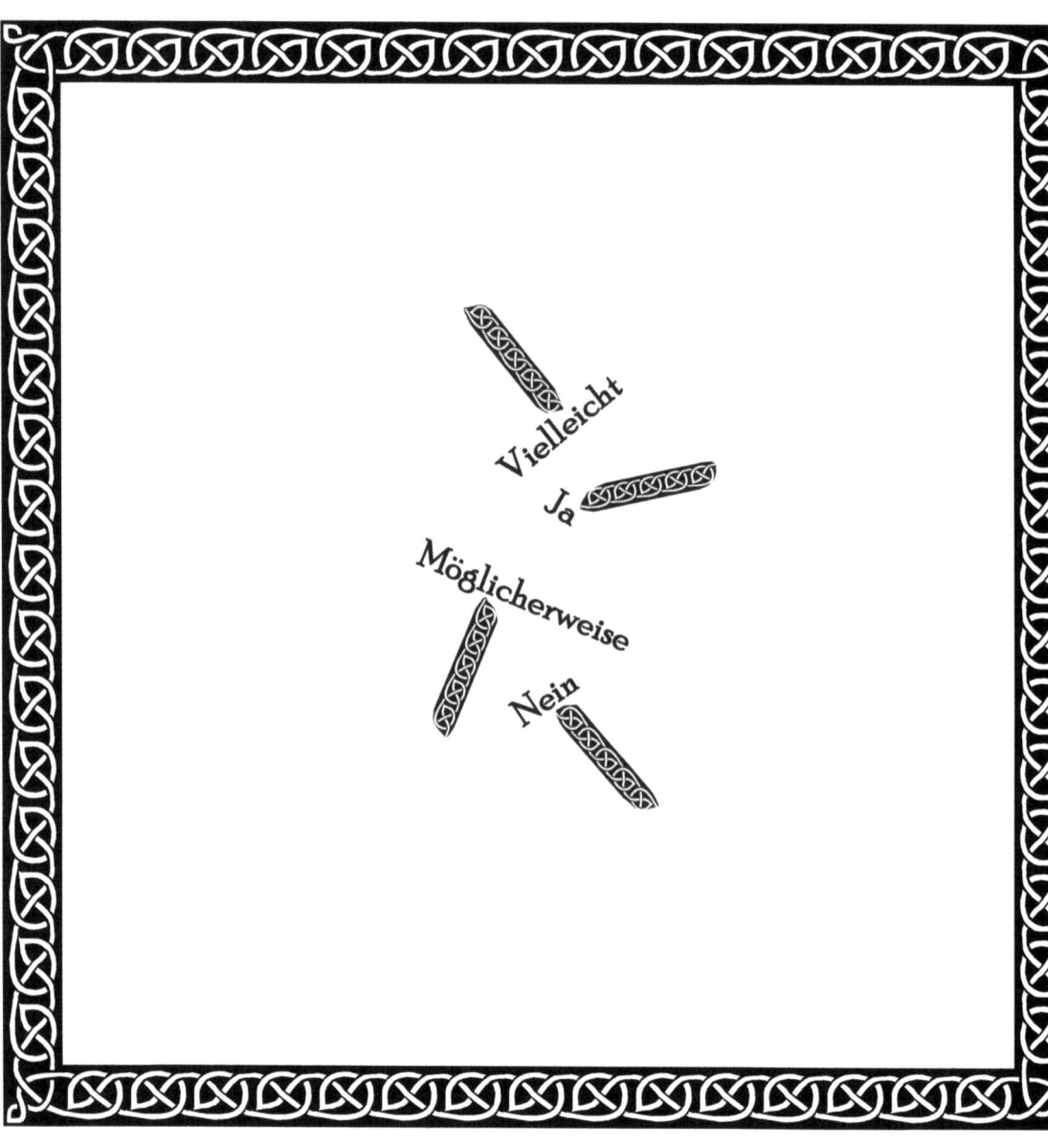

Nutze die Gelegenheit

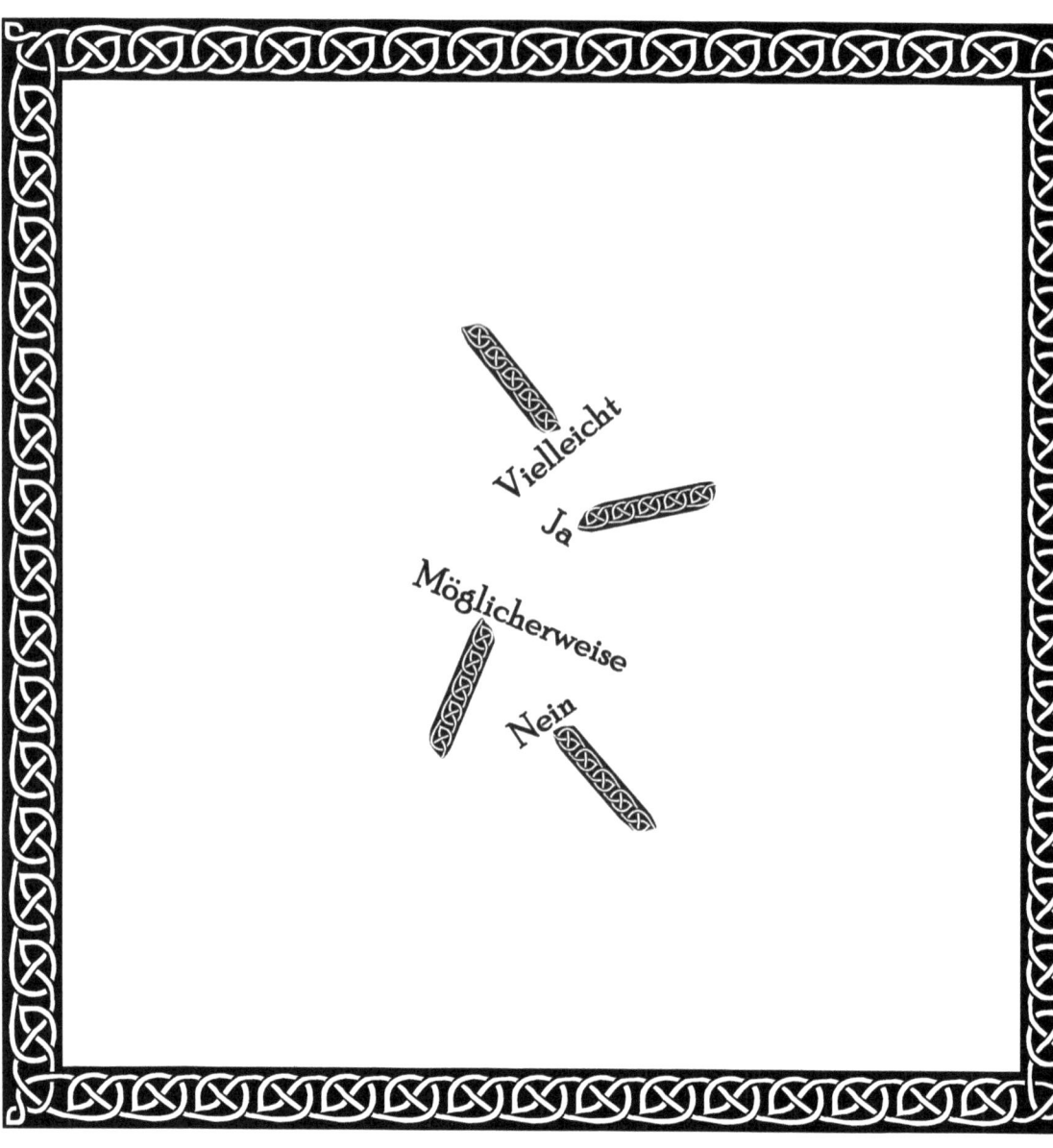

Denke einmal
nur an dich

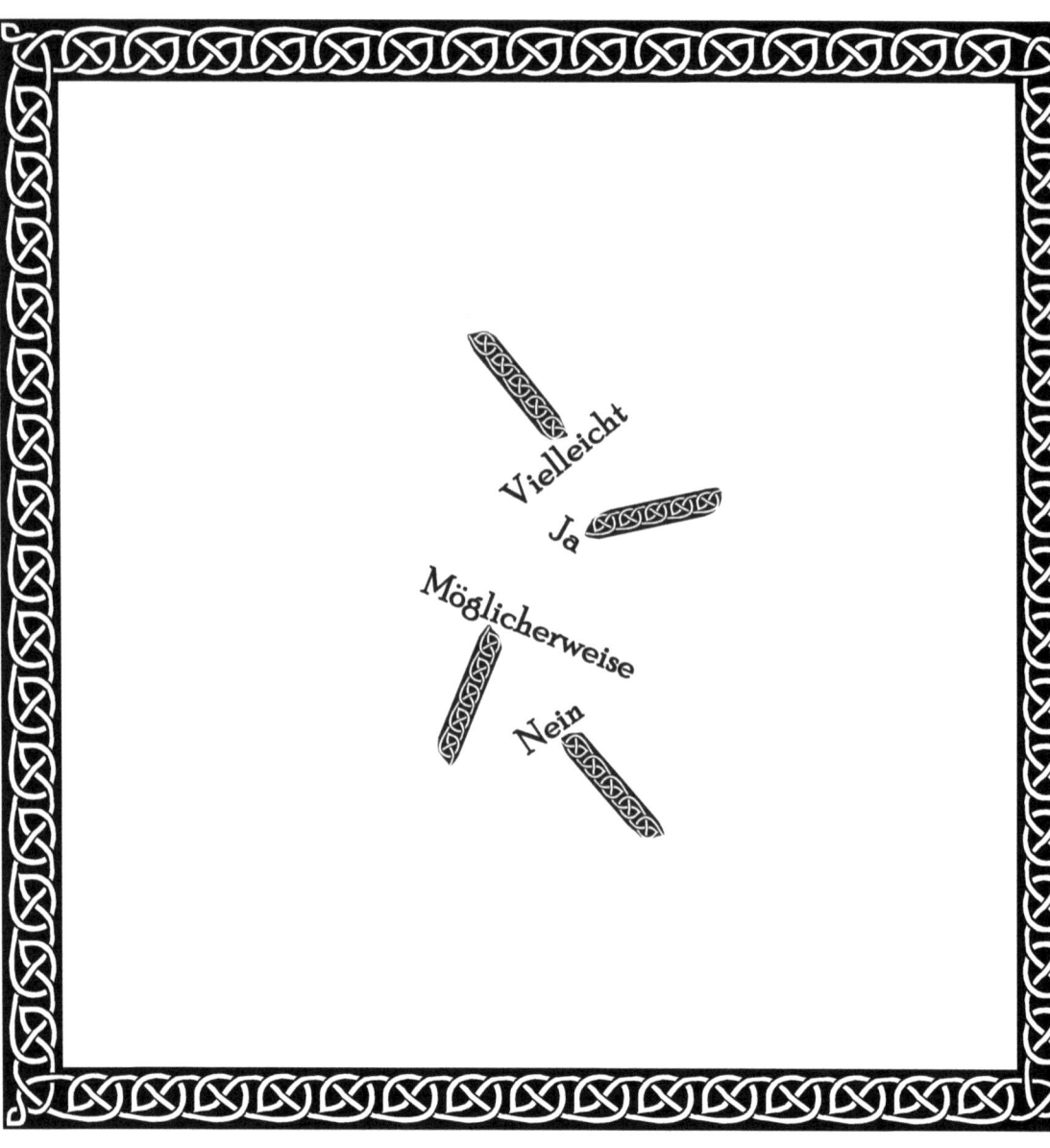

Vertraue darauf,
dass alles was du brauchst
auf dich zukommen wird

Erst später

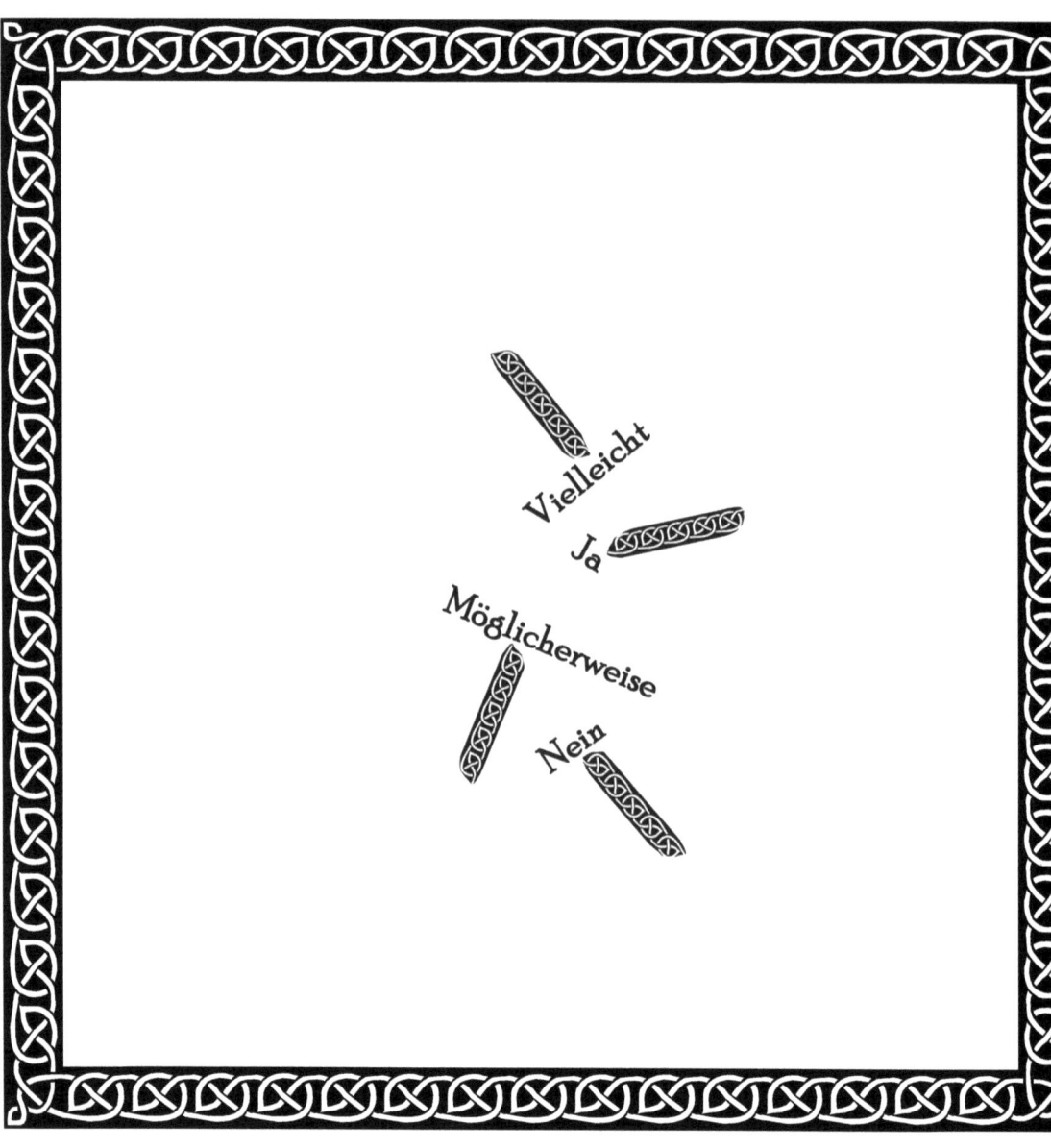

Nicht in der aktuellen Situation

Vertrauen ist gut,
Kontrolle ist besser

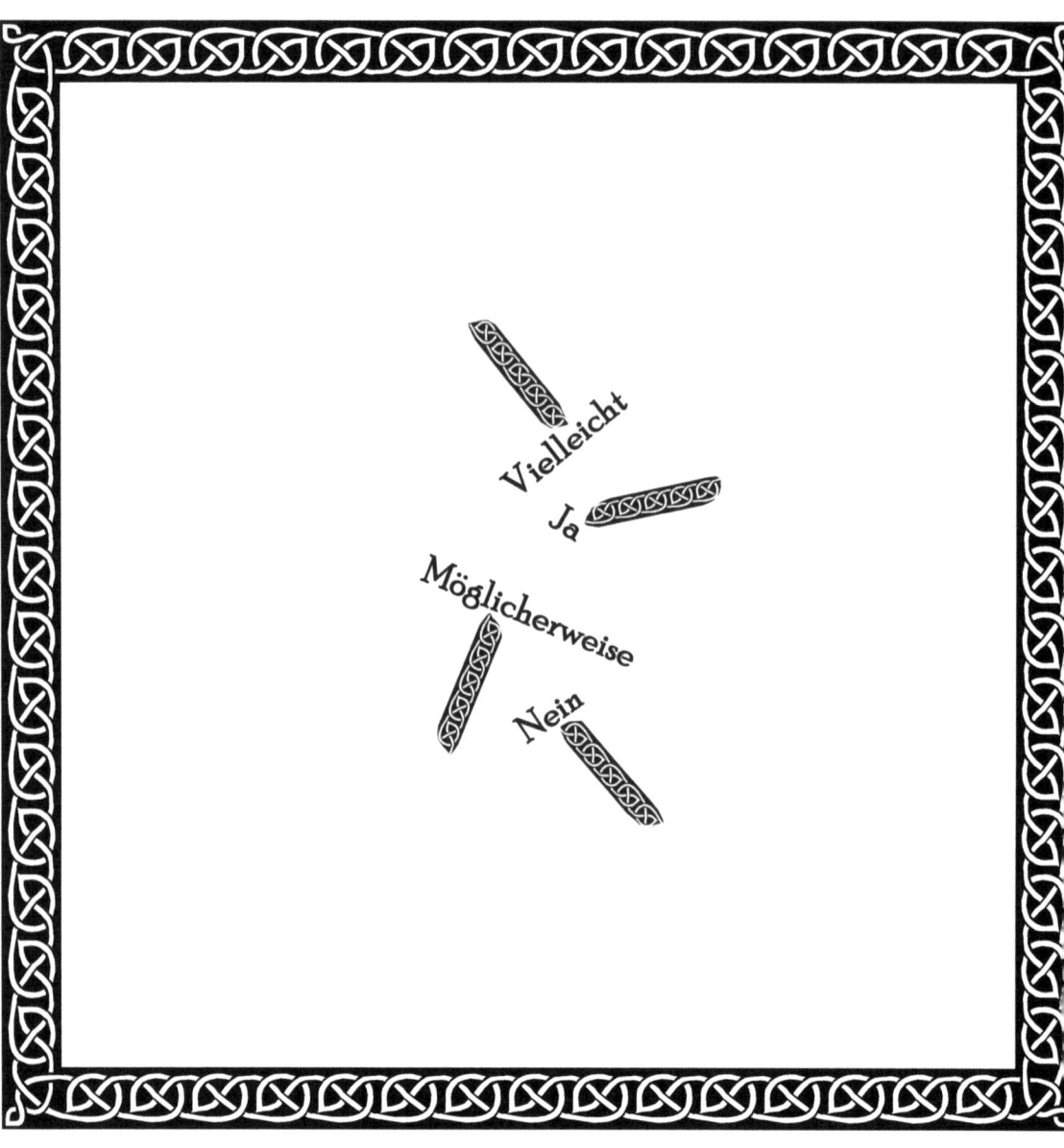

Das wird schon

Die Hummel weiß nicht, dass sie eigentlich von ihrem Gewicht und der Flügelgröße her nicht fliegen kann

–

Sie fliegt einfach

Das ist eine Schnapsidee

Das solltest du mehr als
einmal machen

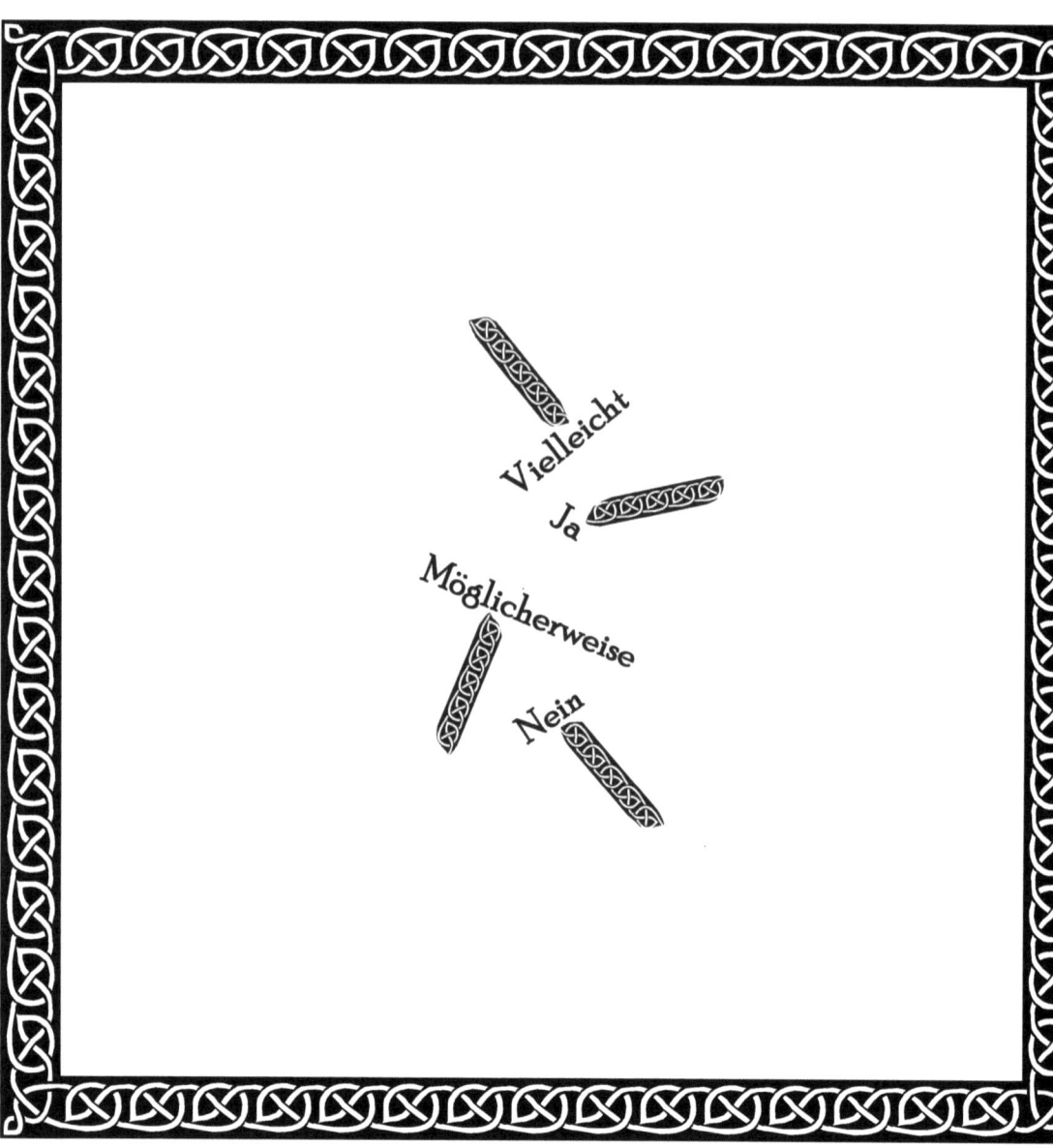

Lebe

Wer nichts wagt,
der nichts gewinnt

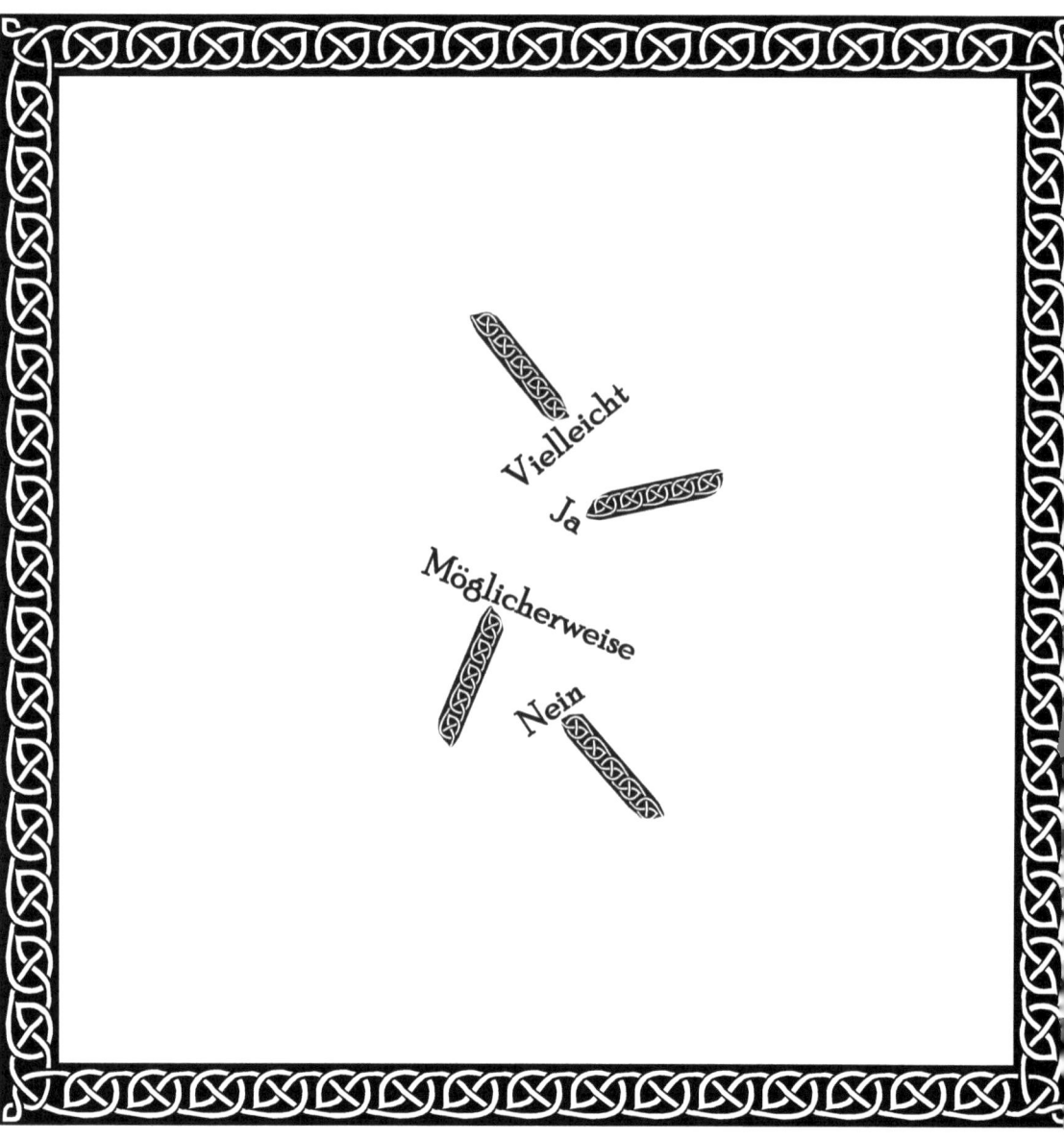

Denke nicht so viel
darüber nach

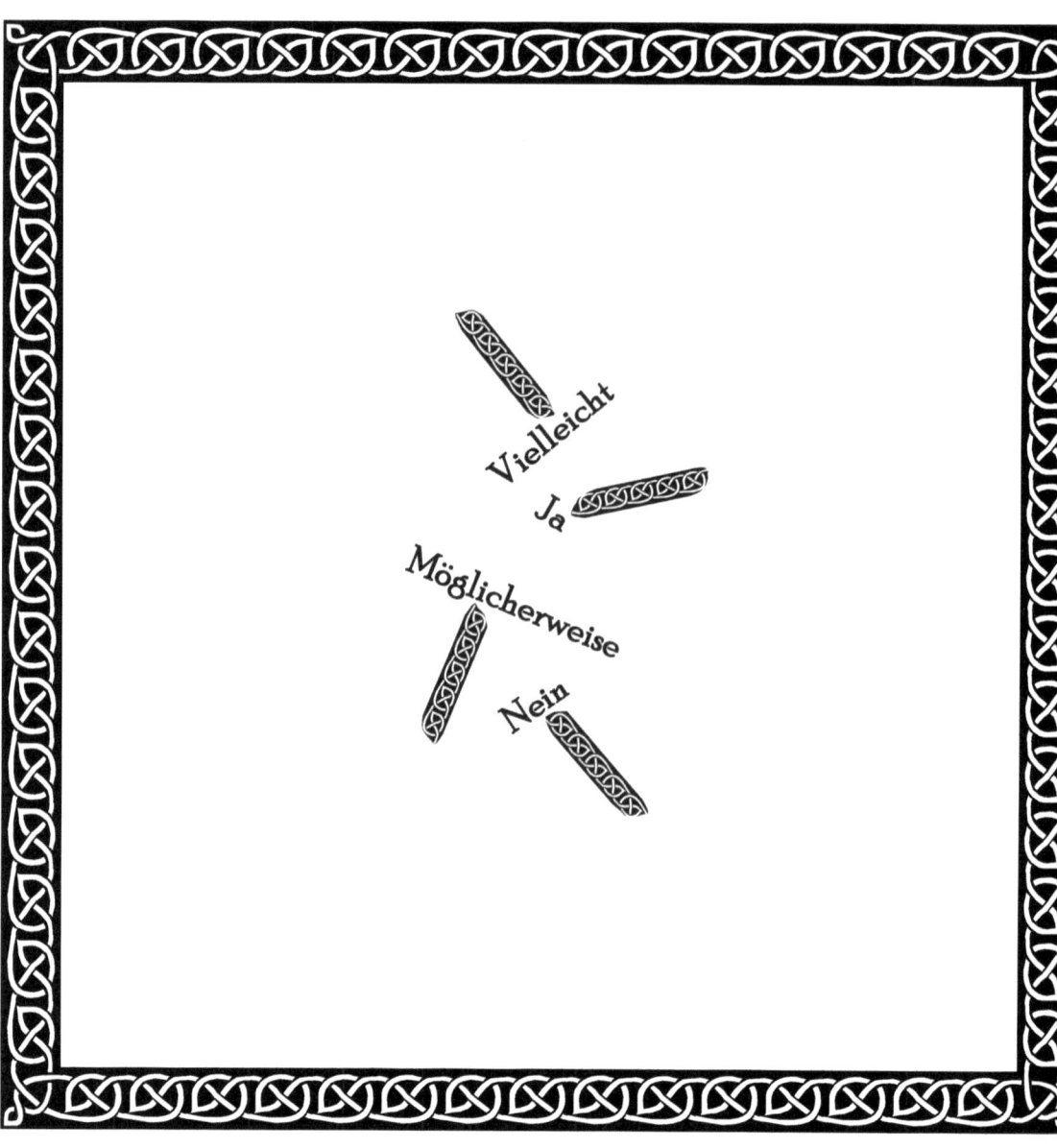

Besser nicht

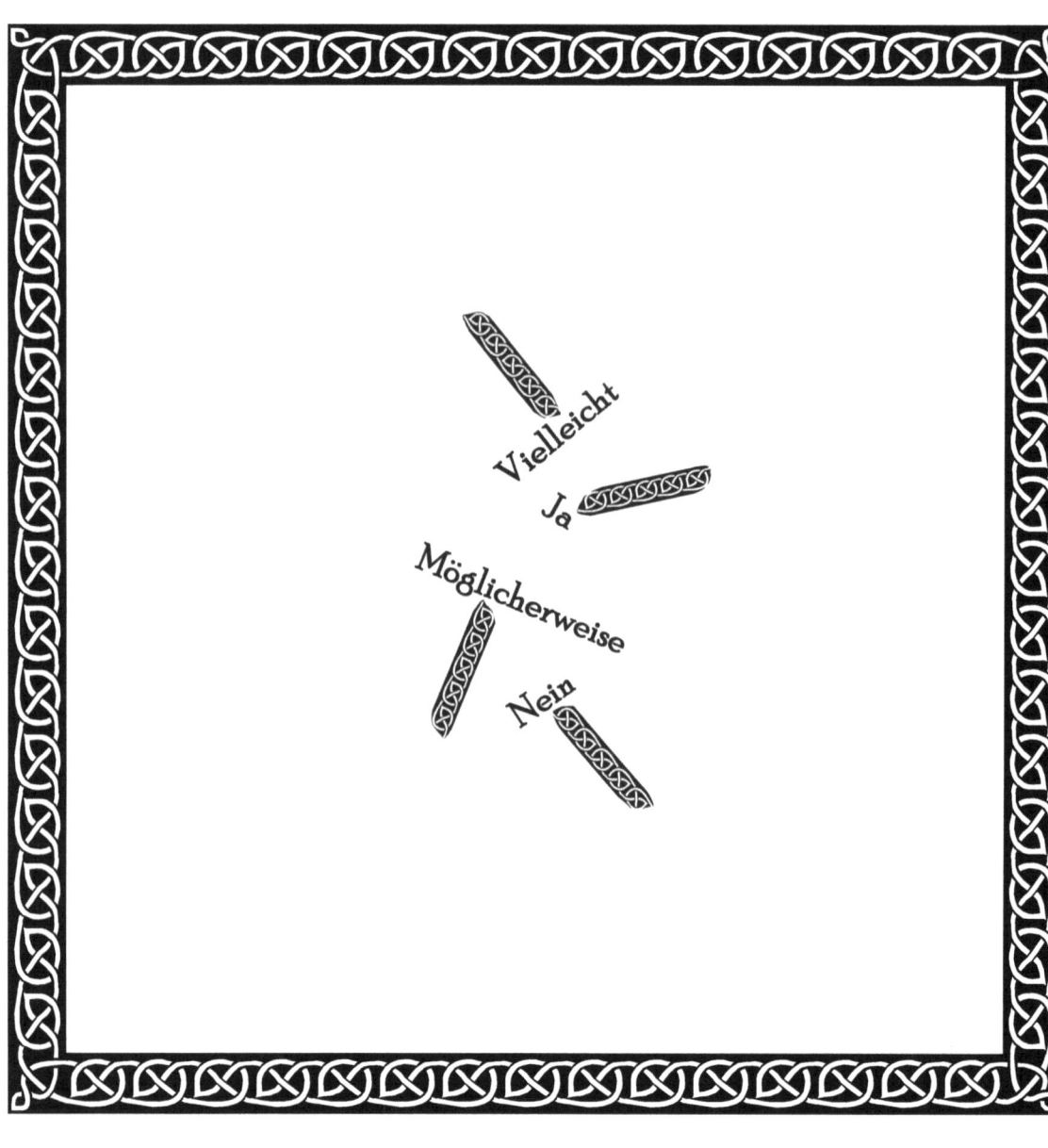

Tu etwas Gutes,
dann stelle dir die Frage
noch einmal

Am besten leise und ohne großes Aufsehen

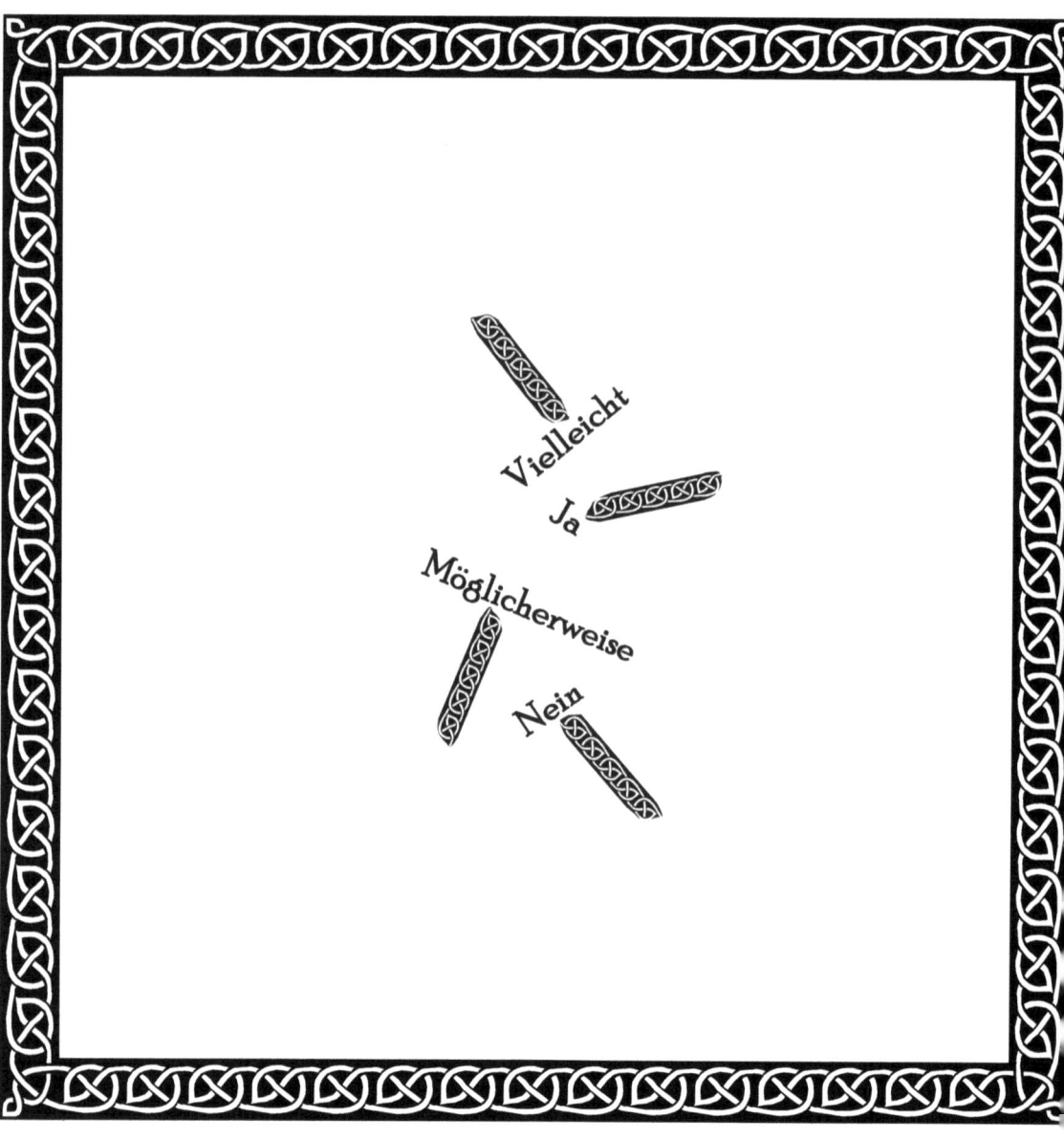

Stehe zu deinen Taten

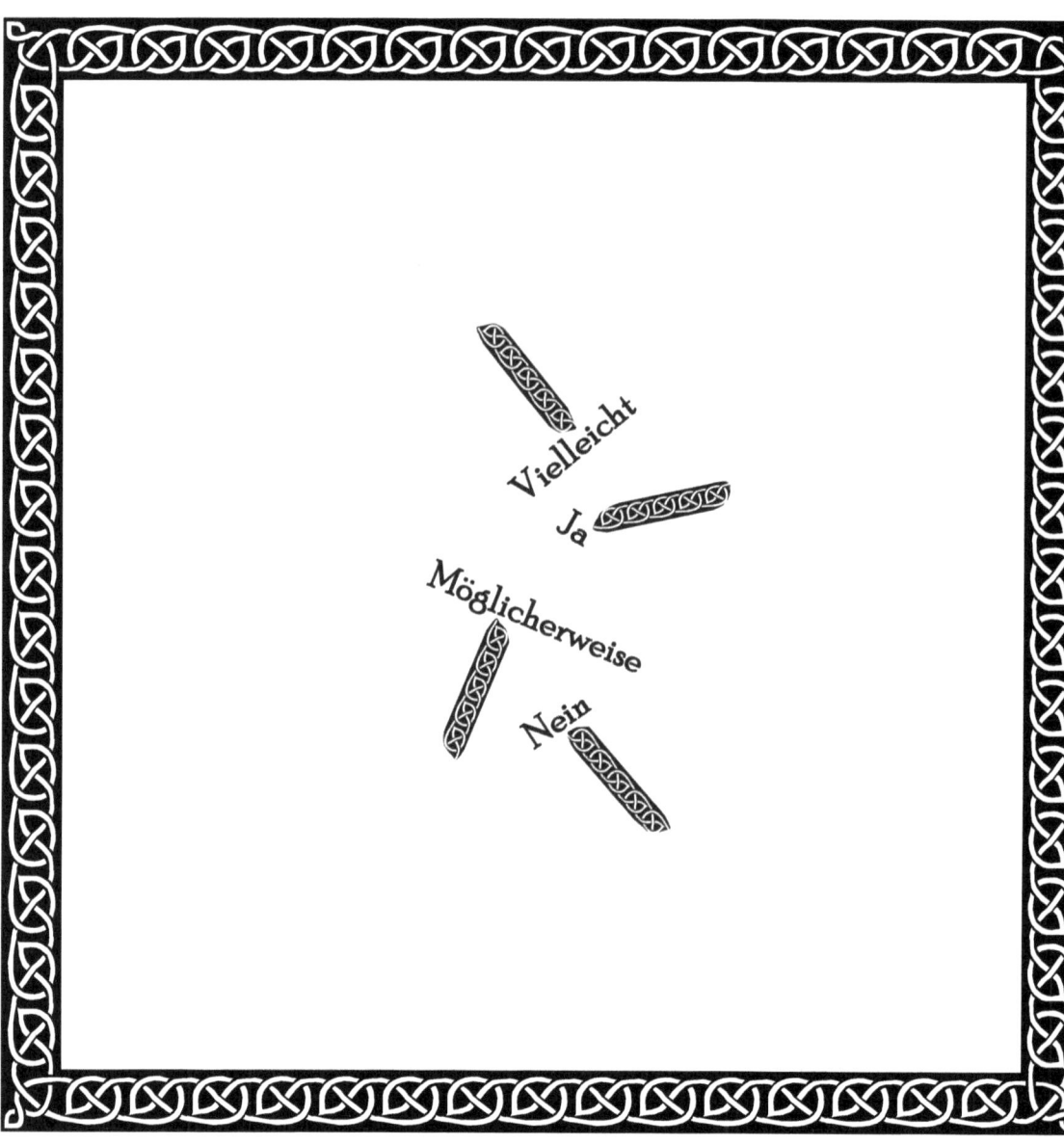

In der Ruhe
liegt die Kraft

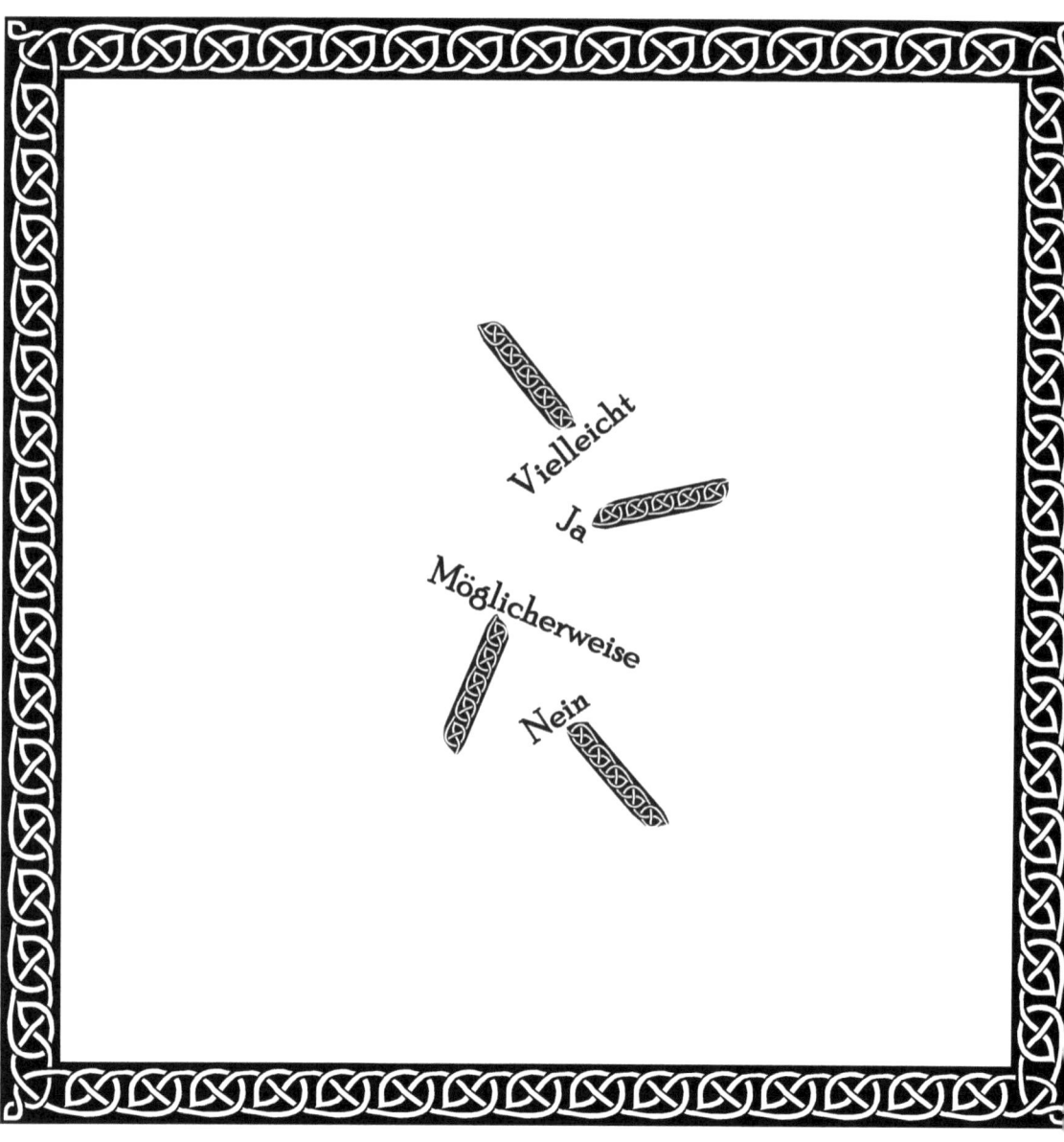

Sei kein Frosch

Perfekt ist nicht
immer schön

Sei erfinderisch

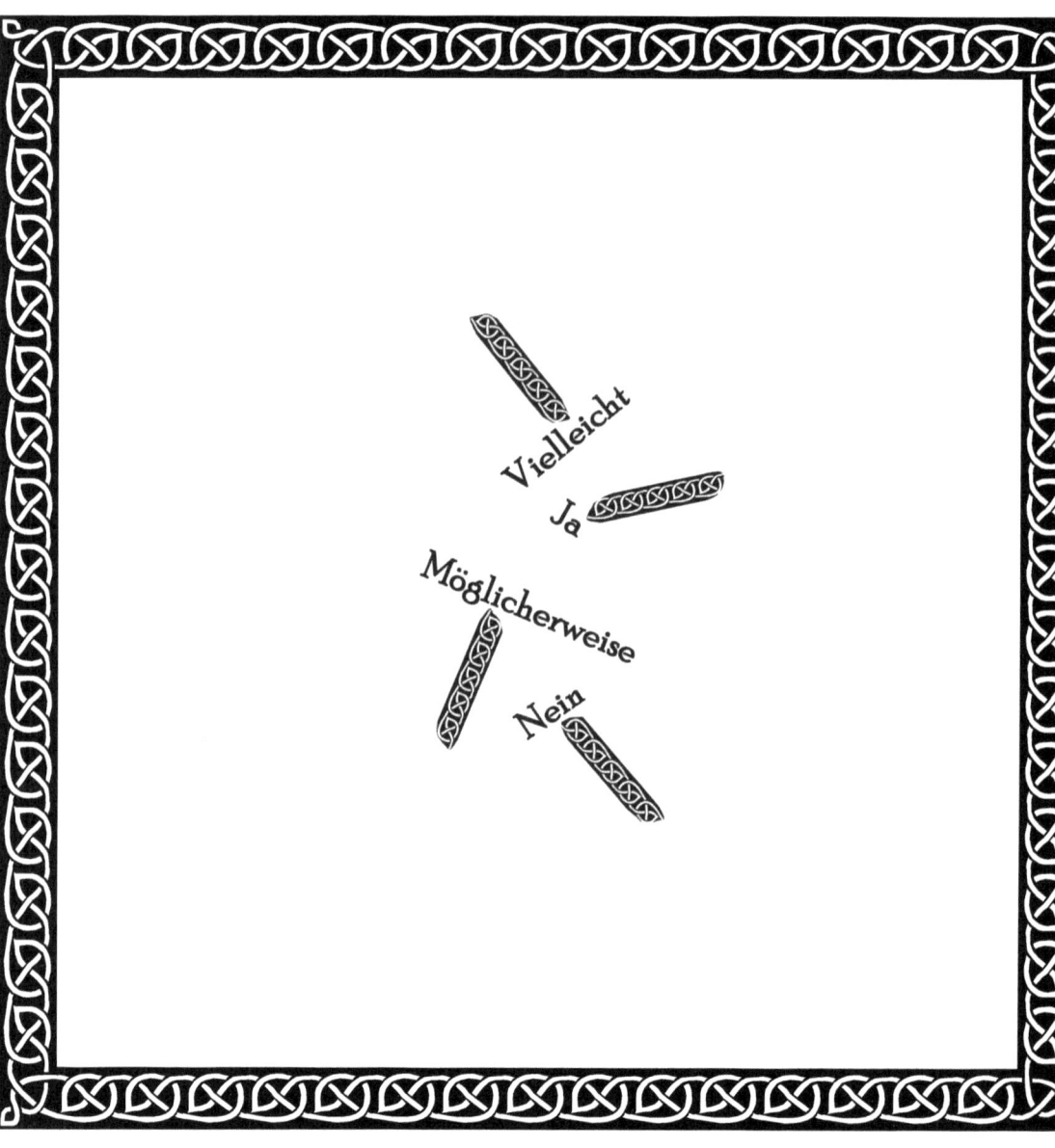

Bleibe gelassen

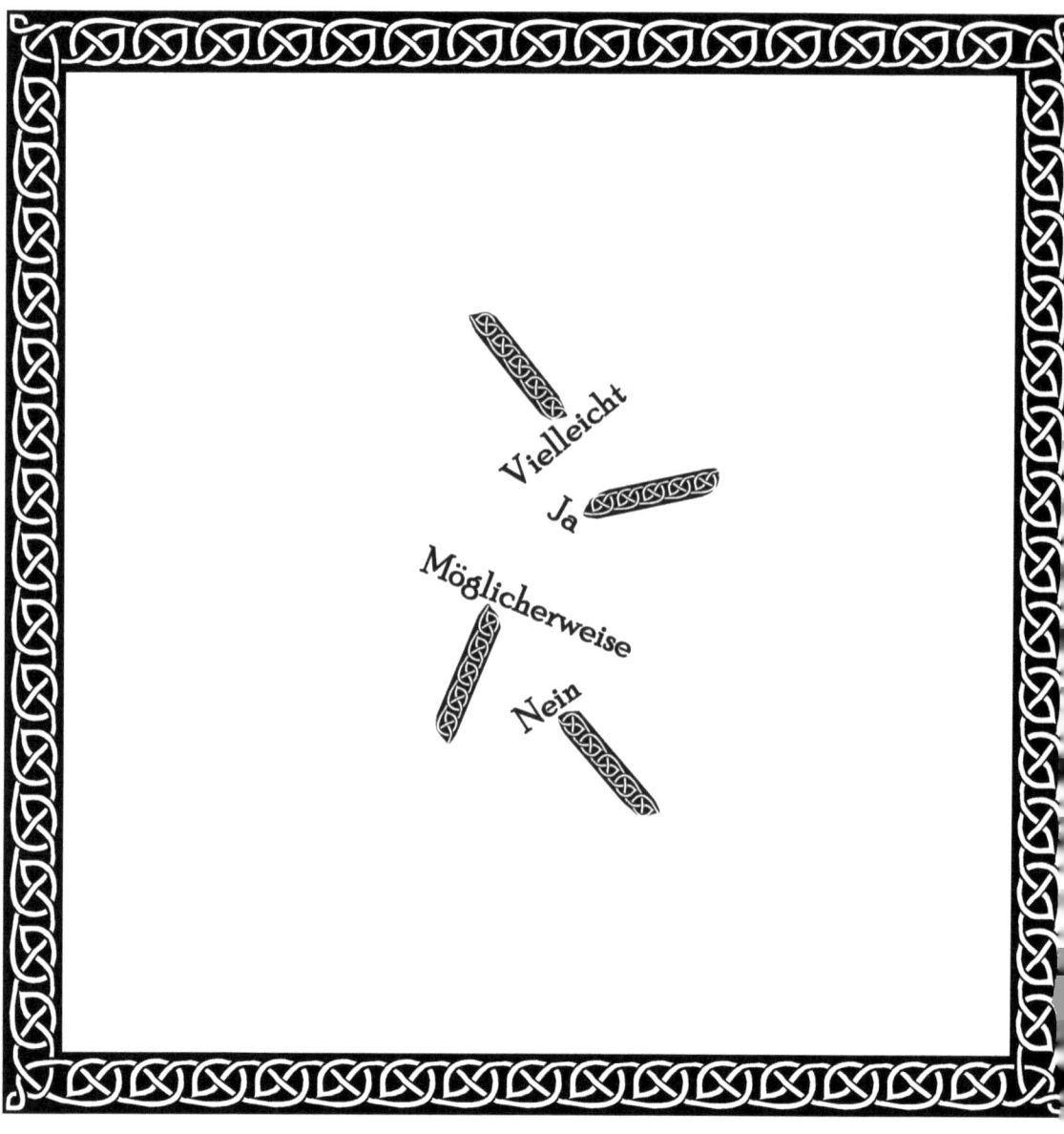

Ganz bestimmt

Schalte einen
Gang herunter

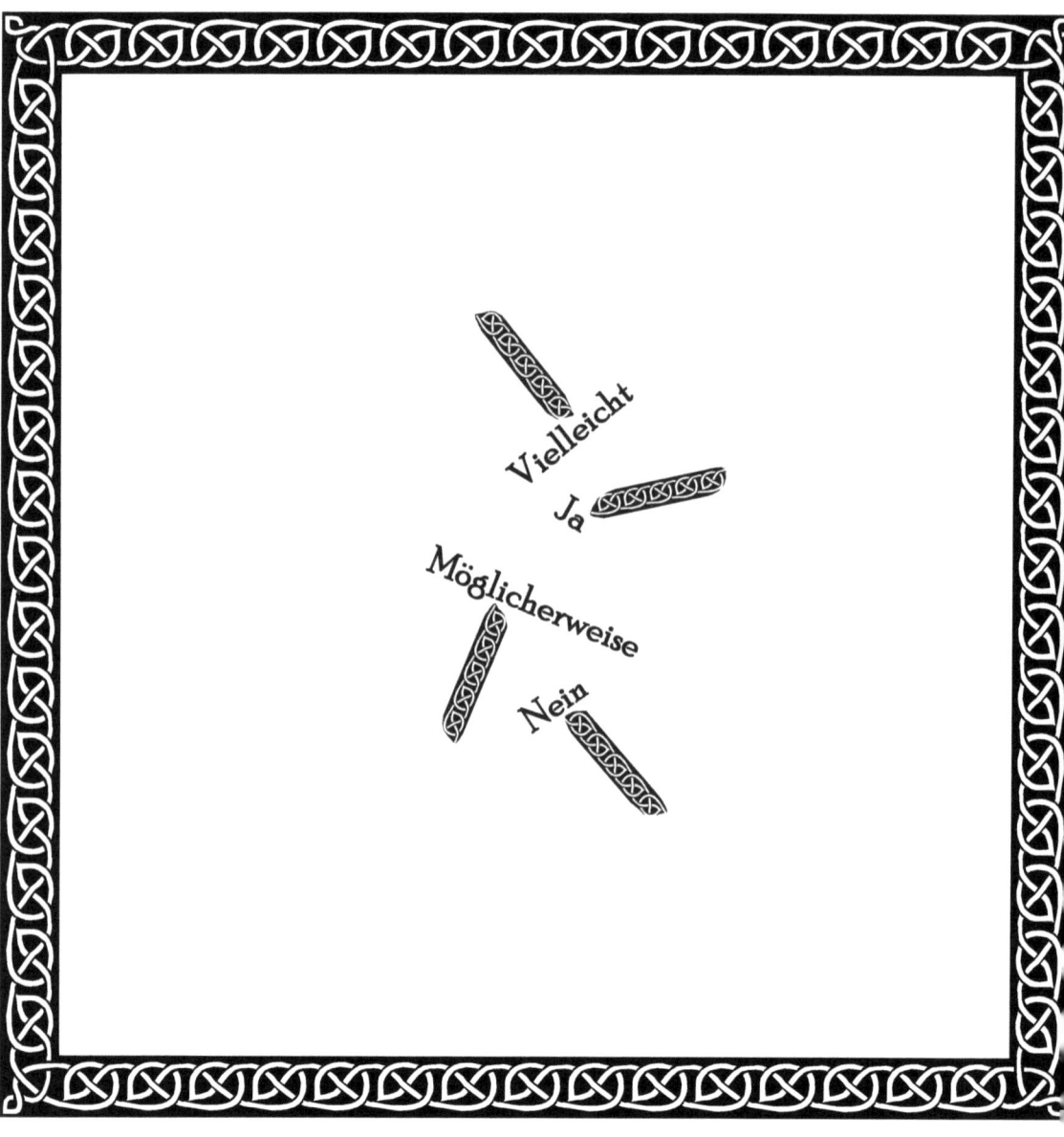

Setze dich nicht unter Druck

Überlege dir
ob es wirklich das ist,
was du möchtest

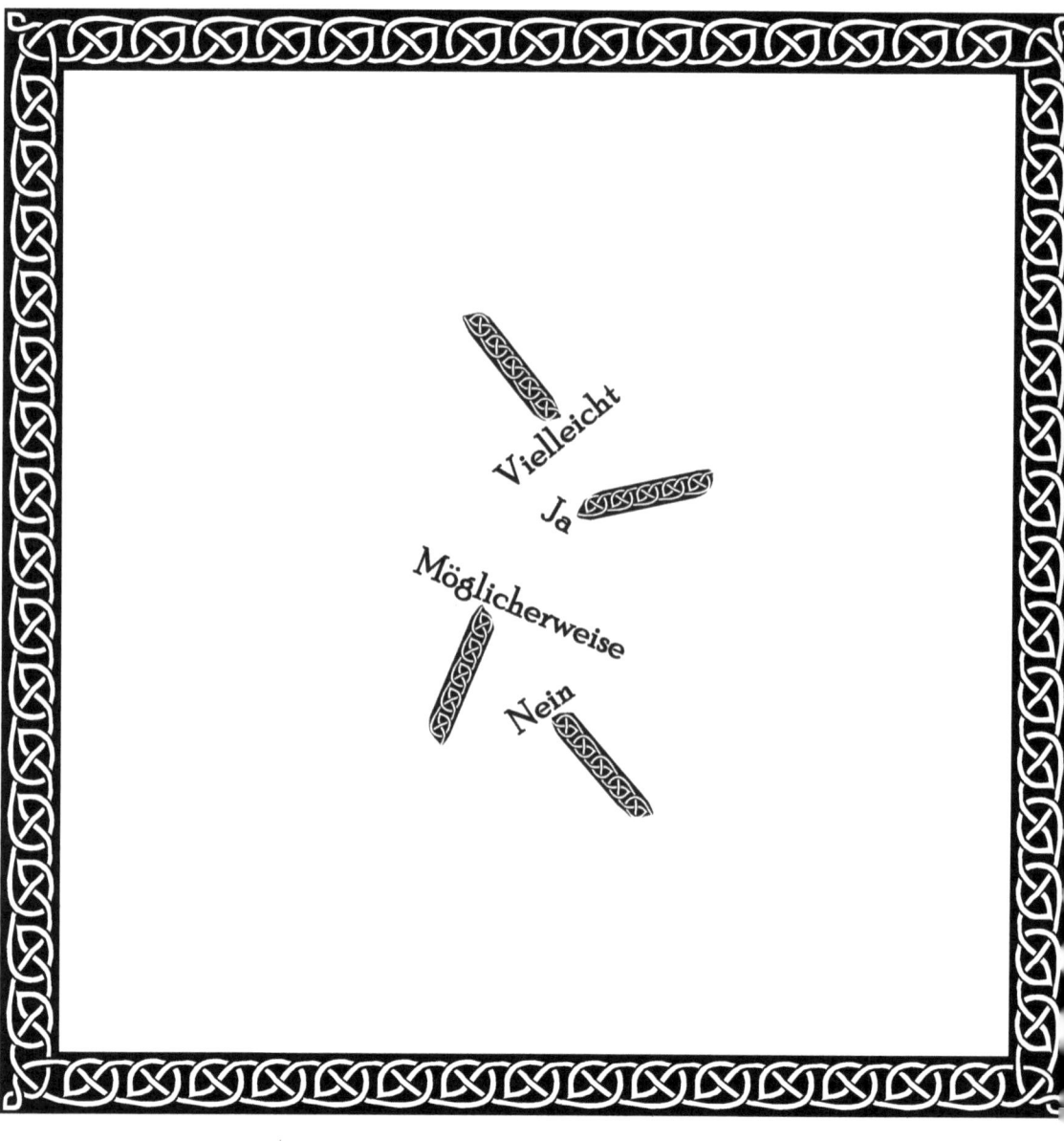

Höre auf dein Herz

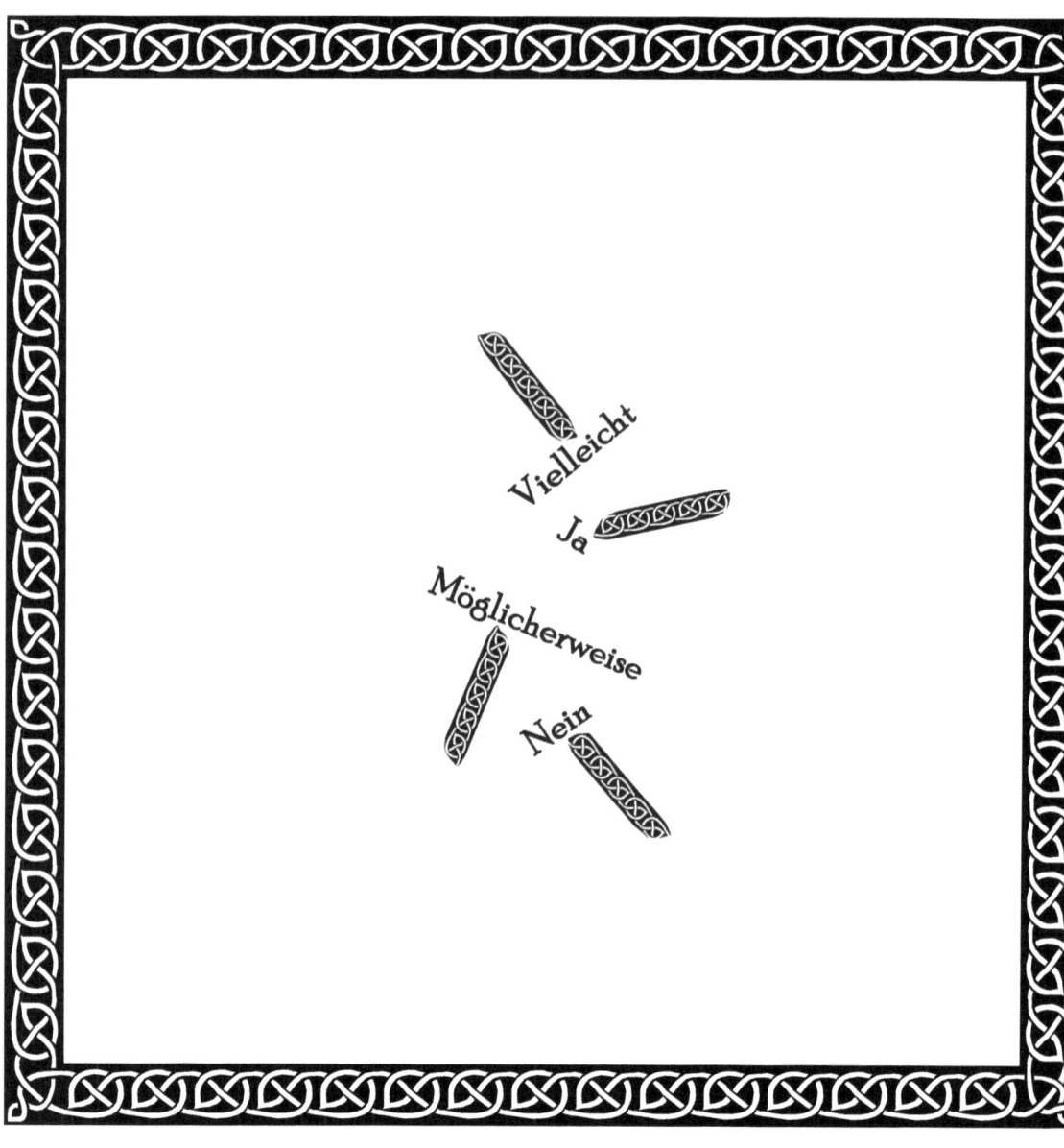

Was hindert

dich daran

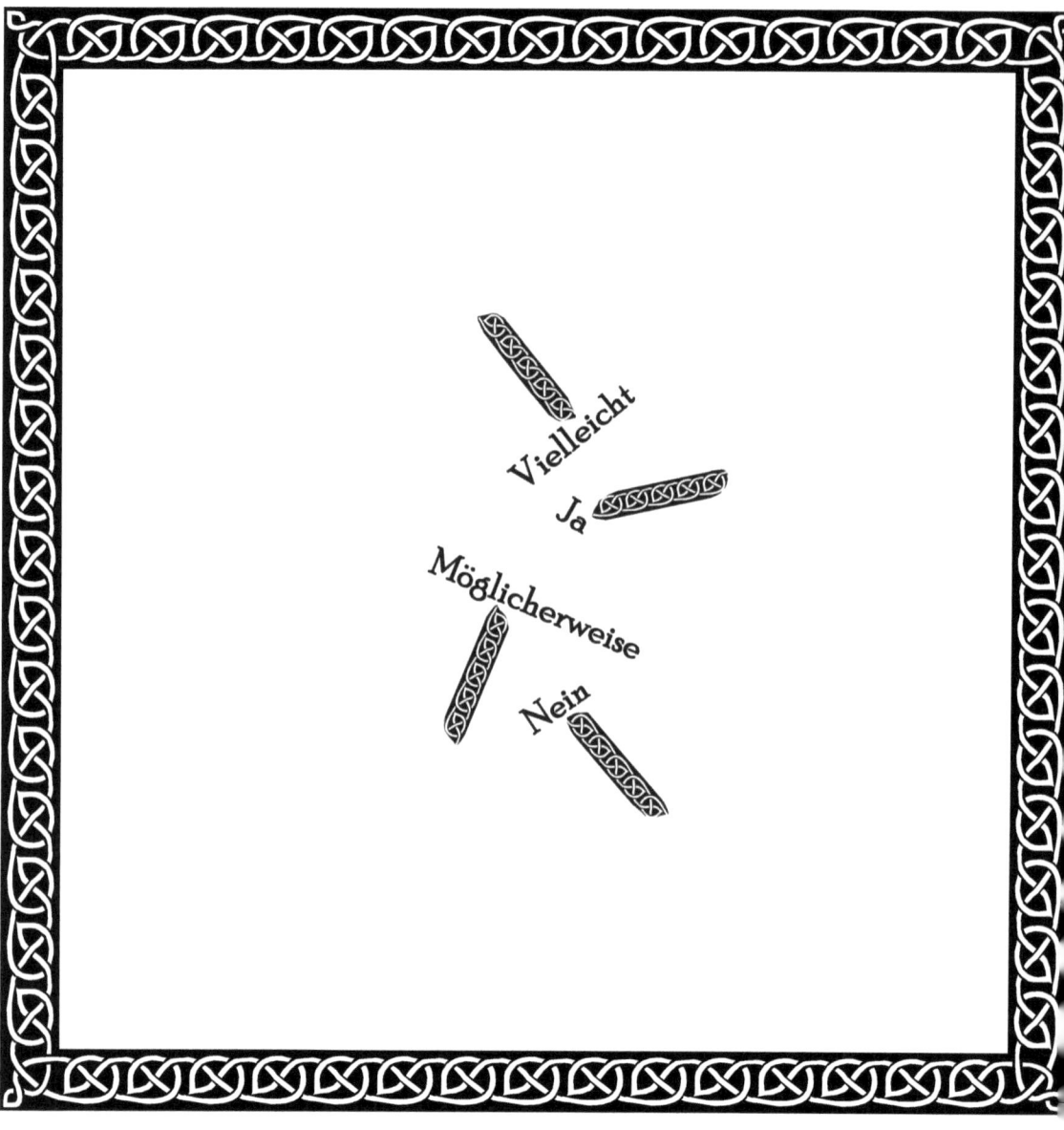

Iss lieber ein Eis

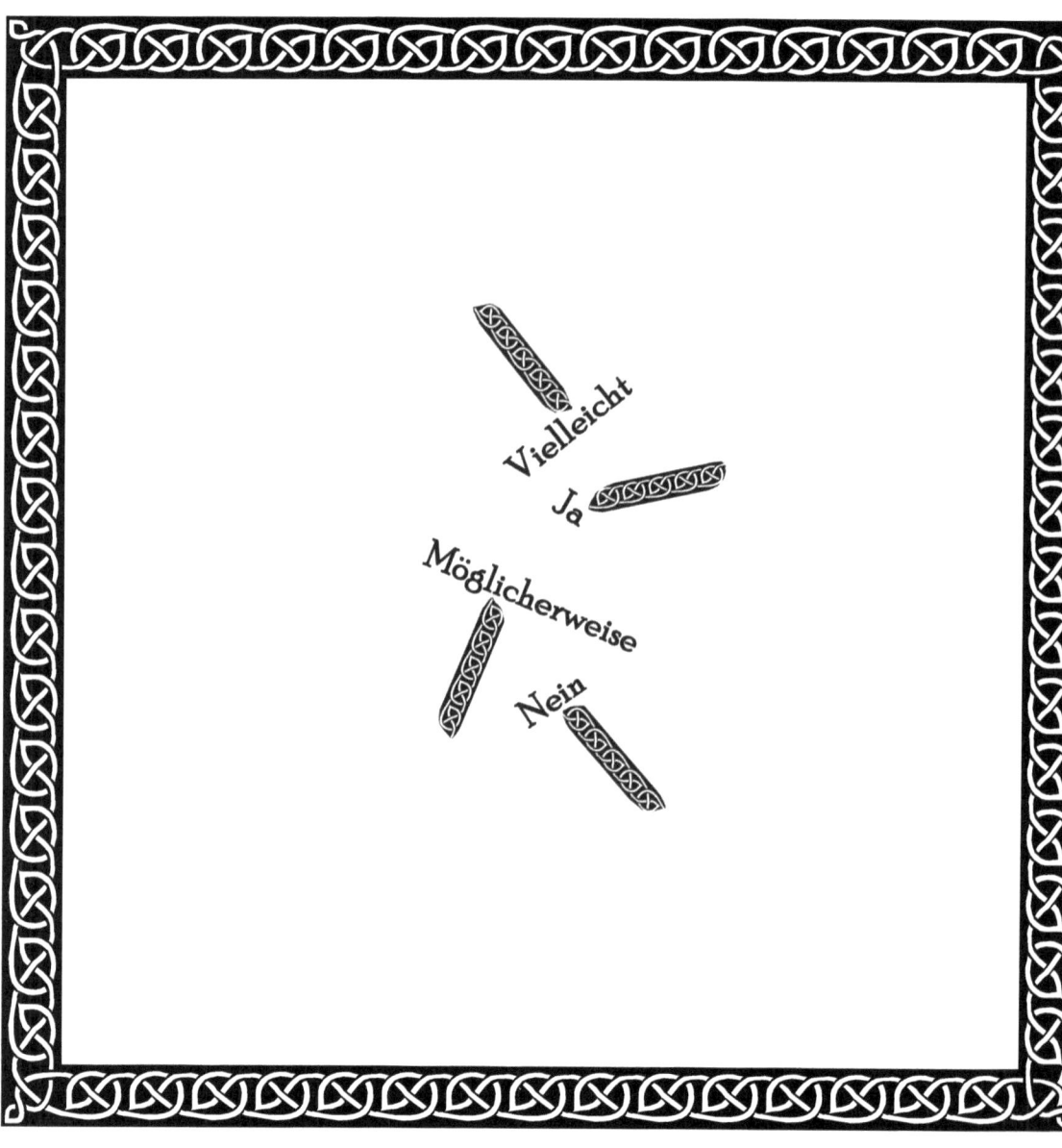

Es ist an der Zeit,

etwas Neues

auszuprobieren

Bitte beachte, niemanden Schaden zuzufügen oder dich in Schwierigkeiten zu bringen.

Dieses Buch soll dir bei Entscheidungen helfen, in dem es dir Denkanstöße gibt,

jedoch ist es vielmehr als Spaßbuch gedacht.

Überlege und überdenke daher immer alles gut, bevor du handelst.

Antworten in diesem Buch gelten nur deiner Belustigung. Es sind keine Aufforderungen,

dich sittenwidrig, verletzend oder gesetzeswidrig zu verhalten.

Weder Autor noch Verlag sind für deine Taten, noch deren Folgen, verantwortlich.

Herstellung und Verlag:
BoD – Books on Demand, Norderstedt
ISBN 978-3-7448-3685-2

Danita-molina.jimdo.com / Facebook: Danita Molina

Idee & Inhalt © Danita Molina

Für Druck- und Herstellungsqualität ist der Verlag verantwortlich